만입의 고백

찬양

Let Everybody Praise the Lord
by Martyn Lloyd - Jones

본서는 개역개정판 성경과 새찬송가를 따릅니다.

만입의 고백

찬 양

Let Everybody Praise the Lord

차례

이 책을 읽는 분들은
이미 **지혜롭고 복됩니다**

||||||||||||||||||||||||||||||||||||||||||||||||||||||||||||||||||||||||||||||||||||||||||||||||||||||||||||||||||| 서문강 목사

서문강 목사는 고려대 신문방송학과를 거쳐 총신대 신학대학원을 졸업하였으며, 1978년
에 목사로 장립 받아 안암제일교회에서 9년 동안 부목사로 섬겼고, 1987년부터 현재까지
중심교회 담임목사로 섬기고 있으며, 현재 칼빈대학에 전임대우로 출강하고 있습니다.

※ 인생의 근본 문제를 너무나 정확하게 짚었습니다

교회사는 증거하고 있습니다. 다른 시대에 비하여 하나님의 영광이 더욱 유별나게 나타난 시대에는 하나님이 특별하게 사용하신 신학자나 설교자들이 있었음을 말입니다. 즉, 하나님께서는 그 설교자들을 '낳으시고' 그들을 연단하시어 당신 교회 강단에 서서 정당하고도 권위 있게, 그리고 능력 있게 당신의 말씀인 성경을 증거케 하셨습니다.

그런 설교자들은 때가 되어 수한(壽限)이 차서 죽었으나, 그들의 설교의 감화는 그 설교자 당대 사람들에게만 머물지 않았습니다. 당대의 감화의 정도와 동일하게, 어떤 경우에는 그보다 더욱 강력하게 후대 교회와 성도들에게 계속 영향을 미치고 있습니다. 그것은 그 설교들이 당대를 초월하여 항상 유효하고도 살아 있는 몇 가지 요소를 견지하고 있기 때문입니다.

곧 그 설교가 '하나님의 살아 있고 항상 있는 말씀'(벧전 1:23)인 성경의 철저한 강론이라는 것, 그 설교자 속에서 역사하시는 성령을 힘입어 '어제나 오늘이나 영원토록 동일하신 예수 그리스도'(히 13:8)를 증거한다는 것, 설교의 초점을 당대의 사람들의 피부에만 와 닿는 표면적 문제가 아니라 하나님 앞에서 언제나 동일한 인생의 근본 문제에 맞추었다는 것입니다.

이 모두를 한마디로 응축시켜 표현하자면, 그 설교자들은 살아 계신 하나님만 바라보고 그 말씀인 성경의 우물만 길어내던 자들이었다는 것입니다. 그래서 그들 눈에 사람의 영혼의 문제가 제대로 보였던 것입니다. "회중의 스승들의 말씀들은 잘 박힌 못 같으니 다 한 목자가 주신 바이니라"(전 12:11).

로이드 존스 목사님은 그런 분입니다. 분명 교회사의 높은 봉우리를 장식하였던 걸출한 인물들과 어깨를 나란히 하기에 충분한 분입니다. 그가 성도다운 삶과 설교자로서의 신분을 위해서 자기 선생으로 삼았던 칼빈이나 오웬, 여러 유명한 청교도 설교자들이나 조지 휫필드, 죠나단 에드워즈, 스펄전과 같은 반열에 들기에 손색이 없습니다.

로이드 존스 목사님의 설교를 읽고 무슨 말인지를 모르겠다거나 영적 각성과 감동의 은혜를 느끼지 못하는 설교자가 있다면, 그를 두고 아직 '설교자가 무엇을 하는 사람인지'를 잘 모르는 사람이라고 한다면 지나친 표현일까요?

로이드 존스 목사님이 복음의 소명을 받았던 20세기 초(1920년대)의 교회들은 자기 자리를 찾지 못하고 허둥대고 있었습니다. 19세기 말부터 합리주의 철학의 소산물로 일어난 자유주의 신학은 구미 교회들에 큰 타격을 주었으며, 교회의 강단에서 무엇을 설교해야 할지를 몰라 헤매었고, 성경 대신 인문학이나 정신의학, 심리학, 철학이 강단을 지배하고 있었습니다.

그런 때에 하나님께서는 로이드 존스 목사님을 예비하시어 교회가 지향해야 할 설교가 무엇인지를 보여 주셨습니다. 그는 하나님의 권위를 등에 업고, 총 41년이란 목회 사역에서 오직 성경만을 강론하였습니다. 그리하여 교회가 성경만 바르게 강론하면 충분하다는 것을 '과시' 하였습니다.

그런 확신은 앞에서 언급된 '그의 스승들'의 확신과 같았습니다. 그리고 성경을 통해서 성령의 인도하심을 받는, 전 세계에 분포된 개혁주의적인 신실한 설교자들이 그 '확신'을 공유하며, 반성경적이고 세속적인 교회관과 그런 풍의 설교자들에 영적으로 대항하였습니다. 그 '확신'만이 하나님께서 주신 것이기 때문입니다.

이런 의미에서 볼 때 로이드 존스 목사님의 시편 107편 강해는 우리를 설레게 하기에 충분합니다. 신실한 성도들과 설교자들을 진정 만족케 할 것입니다. 이 책은 분명 하나님을 경외하게 하시는 성령의 검이 되어 우리를 '찔러 쪼개고 또 싸매어 회복' 시키는 도구가 될 것입니다.

✤ 시편 107편은 구약 시편의 전형입니다

시편 107편은, 절망의 자리에서 구속함을 입은 자는 하나님의 인자하심과 인생에게 행하신 기이한 일을 인하여 그를 찬양하게 되며, 그러한 자야말로 복된 자라고 말합니다.

태초 이후로 오늘에 이르기까지, 동서남북 이 지구상 어느 곳에서든지, 그리고 그 절망의 모습과 처지가 어떠하든지 간에 하나님의 자비로 인해 속량함을 입은 자들이라면 그들은 모두 일어나 하나님을 찬양하게 된다는 것입니다.

특히 시편 기자는 그러한 사실을 시편 107편에서 너무나 사실적(寫實的)인 그림 네 폭을 통하여 묘사하고 있습니다. 이제 로이드 존스 목사님은 이 책 속에서 이 '인생 네 폭의 그림'의 통달한 해설자로서 우리를 안내할 것입니다.

첫 번째 그림에서 우리는, 끝없는 광야 사막 길을 헤매는 한 절망의 사람을 봅니다(2장 '광야'). 그는, '길이요, 진리요, 생명'이신 참된 안내자 그리스도를 통하지 않고 세상적 안내자를 따르다가 낭패에 처한 자입니다.

두 번째 그림에서 우리는, 짙은 어둠, 죽음의 그림자가 드리운 감옥 가운데 앉은, 쇠사슬에 몸이 묶인 한 죄수를 봅니다(3장 '감옥'). 그는 죄에 묶여 완벽한 무기력, 무능력에 놓여 있는 것입니다.

세 번째 그림은 끔찍한 질병을 앓고 있는 회복 불능의 한 병자의 모습을 보여 줍니다(4장 '끔찍한 질병'). 그는 질병으로 인해 식욕을 잃은 지 오래이며, 고통 속에서 몸을 가누지 못합니다. 그에게는 다만 그를 '고쳐 줄 의사'가 필요할 뿐입니다. 병의 진행을 멈출 뿐만 아니라 그 병의 근원을 없앨 분, 죄와 죄의 독을 제거하여 깨끗하게 하실 뿐만 아니라 새로운 생명으로 다시 태어나게 하실 의사가 그에게는 필요합니다.

네 번째 그림은 순풍에 돛을 단 듯 행복할 것 같았던 인생의 항로에 먹구름이 일고 모든 것을 삼킬 듯한 폭풍우가 치는 것을 보여 줍니다(5장 '잔혹한 폭풍'). 광란의 폭풍우 속에 던져져 스스로의 지혜와 힘으로는 어떻게 해 볼 수가 없는 사람. 성경은 불순종이라는 죄가 인생의 항로에 풍랑을 몰고 오며 끝내 우리를 침몰시킨다고 말합니다.

시편 기자는 네 가지 그림을 보여 준 후에 결론적으로 그러한 전형적인 절망으로부터 구원을 얻은 자들이 그러한 일들을 통해 하나님의 인자하심을 깨닫는 것이 지혜라고 말합니다. 또한 진정 지혜롭고 복된 자라면 시편 기자의 결론적 선언에 귀를 기울이라고 말합니다.

그렇다면 그 지혜는 어디서 오는 것입니까? 성경은 모든 지혜는 지혜의 근원이신 하나님으로부터 온다고 말합니다. 지혜의 샘근원이신 하나님과의 관계가 회복될 때, 그 회복된 수로(水路)를 통해 풍성한 지혜가 공급될 것이며, 그 공급된 지혜가 깨닫는 자들을 무한히 복되게 할 것입니다.

❋ 이 책에서 복음의 감격을 누리십시오

하늘을 보아도 땅을 보아도 그 어디서도 구원의 손길을 바랄 수 없는 자에게 내미신, 놋문을 깨뜨리시며 쇠빗장을 꺾으시는 전능자의 손, 질병의 막다른 길과 모든 것을 삼키려 드는 성난 바다에서 건지시는 큰 손, 그것이 기독교 복음의 감격입니다.

또한 그 감격이 세상적인 가치로는 헤아릴 수 없다는 것도 기독교의 신비입니다. 스스로는 무엇을 어떻게 할 수 없는 절망의 처지에 있는 자들이 할 수 있는 유일한 일은 오직 '고통 중에서 부르짖는 것뿐' 입니다. 갈보리를 향하여 부르짖는 것밖에는 다른 방법이 없다는 것입니다.

'마른땅', '굶주린 자' 에게 무엇을 요구하겠습니까? 그들에게는 내놓을 것이 아무것도 없습니다. 그런데 그것은 구원의 걸림이 아니라 오히려 구원의 조건이라고 이 책은 말합니다. 그러하기에 모든 사람이 하나님을 찬양할 수밖에 없으며 마땅히 찬양해야만 하는 것입니다. 구속함을 받은 모든 이들이 어울려 불러야 할 찬양이야말로 참된 그리스도인의 특징이며 기독교의 절대적 본질인 것입니다.

❋ 하나님께 참된 찬양을 올려 드리십시오

구속함의 감격이 없는 노래는 그리스도인의 것이 아니며 기독교의 찬양이 아닙니다. 오늘날은 자칫 자기도취(自己陶醉)만 남고 구원의 감사와 감격이 달아난 찬양에 빠져 하나님에 대한 예배를 죽은 것으로 만들기 쉽습니다. 그러한 찬양 아닌 찬양의 자리에는 거룩하신 성령이 임하실 리가 없습니다. 성령의 감동이 떠난 자리를 인간적인 설교와 노래로 대신해 보려 하지만, 그러한 노력은 헛된 수고에 불과합니다.

그러하기에 이 책을 통하여 우리는 우리 자신의 소망 없고도 무기력한 비참함을 바르게 보고, 또한 그럼에도 불구하고 우리를 사랑하시는 측량할 수 없는 하나님의 그 인자하심과 놀라운 하나님의 구속하심을 깨달아 알아야 하는 것입니다. 그렇게 될 때 우리는 진정한 감사와 감격으로 가득한, 하나님이 기뻐하시는 참된 찬양을 하나님께 올려 드릴 수 있을 것입니다.

이 책을 내느라 거룩한 헌신과 부담을 즐거워한 지평서원의 박 은 장로님과 박명규 사장님과 편집인들에게 감사하고 격려합니다. 특히 이 책의 번역을 위해서 헌신하신 역자의 노고는 높은 가치임에 분명합니다. 그리고 무엇보다도 이 모든 감사와 찬양을 하나님 한 분께 올려 드립니다.

1장 *Let Everybody Praise the Lord*

만입이 하나님을 찬양할지라

여호와께 감사하라. 그는 선하시며 그 인자하심이 영원함이로다.
여호와의 속량을 받은 자들은 이같이 말할지어다. 여호와께서 대
적의 손에서 그들을 속량하사 동서남북 각 지방에서부터 모으셨
도다.   시 107:1-3

시편 107편은 분명히 찬양과 감사, 예배와 경배의 노래입니다. 첫 세 절을 자세히 살펴보면서 우리는 동시에 시편 전체와 그 메시지에 주의를 기울여야 합니다.

찬양과 감사의 노래

본문의 짜임새

이 시편의 짜임새, 즉, 구조는 아주 명백하고도 자연스럽게 나눌 수 있습니다. 첫 세 절에서 우리는 일종의 도입 부분을 발견합니다. 시편 기자는, 하나님께 찬양의 노래를 부를 자들로 자신이 지휘할 장엄한 찬양대를 모으고 있습니다. 그는 화음을 맞추어 찬양할 사람들을 불러 모읍니다.

시편 기자는 위대한 초대장을 보냅니다. 그는 사람들을 '동서남북 각 지방에서' 함께 나오라고 부릅니다. 그리고 모두 함께 모여 여호와께 감사의 찬양을 드리자고 청합니다.

그는 "여호와의 속량을 받은 자들은 이같이 말할지어다"(2절)라고 말하면서 각기 다른 곳에서 온 다양한 사람들이 이 하나의 위대한 찬송가를 함께 불러야 하는 이유들을 말해 줍니다. 그리고 계속해서 시편 기자는 자세한 사항들에 대하여 말합니다. 그는 단지 일반적인 명제를 말하는 것에 만족하지 않고 그

명제를 입증하고 싶어하는 것입니다.

그는 여호와의 속량을 받은 모든 이가 이 일에 동참하게 될 것이라고 말합니다. 비록 그들의 경험이 모두 다르다고 하더라도 말입니다. 이어서 시편 기자는 그들의 다양한 경험을 다음의 네 가지 유형으로 제시합니다.

첫 번째로 나오는 이들은 광야에서 방황하며 '거주할 성읍을 찾는 자들'입니다. 두 번째로 나오는 이들은 '곤고와 쇠사슬에 매인 자들'입니다. 세 번째는 모든 음식을 싫어하게 되어 '수척해지고 결국 사망의 문에 이른 자들'입니다. 마지막으로는 '높은 격랑과 사나운 폭풍이 이는 바다 위에 있는 자들'입니다.

시편 기자는 이 네 가지 유형과 그들의 다양한 경험을 상세히 묘사합니다. 그런데 각각의 모든 경우에 시편 기자는 동일한 말을 하고 있습니다. 그는 매번 "이에 그들이 근심 중에 여호와께 부르짖으매 그들의 고통에서 건지시고"라고 말하면서, 각각의 무리를 "여호와의 인자하심과 인생에게 행하신 기적으로 말미암아 그를 찬송할지로다"라고 초대합니다.

이 네 가지 유형을 다룬 후에 시편 기자는 하나님이 이들을 어떻게 다루시는지를 보여 줍니다. 그리고 다음과 같은 도전과 권면으로 결론을 맺습니다.

"지혜 있는 자들은 이러한 일들을 지켜보고 여호와의 인자하심을 깨달으리로다"(43절).

모든 사람을 향한 초대

지금까지 이 위대하고 탁월한 시편을 전반적으로 분석해 보았습니다. 이 시편은 구약 시편의 전형적인 형태입니다. 그리고 어떤 의미에서는 매우 특징적인 시편이기도 합니다.

여러분, 이 시편에 주의를 기울이시기를 바랍니다. 이 시편은 참된 신앙의 그림을 우리에게 제시해 줍니다. 모든 종교가 진리는 아닙니다. 거짓 종교도 있습니다. 우리는 참된 신앙과 거짓 종교를 구별할 수 있어야 합니다. 그것보다 더 중요한 것은 없습니다.

이 시편을 함께 살펴보면서, 우리는 참된 신앙과 거짓 종교를 구별할 수 있게 될 것입니다. 이 시편은 하나님과 진정한 관계를 맺고 있는 자들에게 임하는 복을 극적이면서도 그림을 보듯이 생생하게 제시합니다.

이 시편의 전체 주제는 우리가 하나님의 인자하심을 알고 이해하게 된다는 것입니다. 즉, 시편 기자는 모든 사람이 하나님의 인자하심을 이해하도록 이 시편을 썼습니다.

그는 하나님께 찬양을 올려 드리는 자리에 모든 사람을 초대합니다. 뿐만 아니라 하나님을 찬양하지 않는 자들로 하여금 다음과 같은 질문을 하게 합니다.

"이들이 왜 하나님을 찬양하고 있습니까? 무슨 이유로 찬양하는 것입니까? 그들을 찬양하게 만드는 것이 무엇입니까?"

그 사람들은 단지 자신의 즐거움만을 위해 찬양을 하는 것이 아닙니다. 그들이 찬양하는 것은 다른 사람들도 하나님의 인자하심을 알 수 있도록 이끌기 위함입니다.

그래서 이 시편에는 구약 시대 경건한 사람들이 하는 찬양의 전형적인 표현이 나옵니다. 물론 그것은 구약 시대만의 표현은 아닙니다. 신약 시대 사람들의 생각과 마음과 영혼에서도 동일한 찬양이 나오기 때문입니다. 신구약 시대의 사람들의 찬양의 대상은 같은 하나님입니다. 구약의 성도들도 신약의 성도들과 마찬가지로 같은 하나님 나라의 일원입니다.

우리 주님은 새로운 시대에 속한 자들이 아브라함과 이삭과 야곱과 같은 나라에 들어간다고 말씀하셨습니다.[1] 즉, 조상들과 신약 시대의 성도들이 같은 나라에 속한 자들이라고 말씀하시는 것입니다. 우리 역시 새로운 시대에 있지만 구약의 성도들이 들어간 그 나라로 들어갑니다.

---

1. 마 8:11 또 너희에게 이르노니 동서로부터 많은 사람이 이르러 아브라함과 이삭과 야곱과 함께 천국에 앉으려니와.

구약의 축복은 어떤 의미에서 신약의 축복과 같습니다. 그것은 같은 은혜 언약입니다. 우리를 대하시는 하나님은 구약에서와 동일하게 은혜로운 하나님입니다.

그래서 그리스도인들은 오랜 세월 동안 시편을 읽고 노래하면서 자신들의 예배와 찬양을 그보다 더 탁월하게 표현할 만한 좋은 길이 없음을 깨달았습니다. 같은 하나님이 같은 영적 생명을 주셨기 때문입니다. 그것은 우리를 영원하고 변치 않는, 같은 나라로 인도하는, 같은 영적 생명입니다.

구약의 메시지

시편 기자는 사로잡힌 이스라엘 백성들의 구속을 아주 분명하게 마음에 품고 있었습니다. 구약의 메시지는 다음과 같이 요약할 수 있습니다.

하나님의 백성들은 하나님과 관계를 맺고 있습니다. 그러한 관계 아래 순종의 삶을 산다면, 하나님은 그들에게 복을 부어 주실 것입니다. 그러나 백성들이 순종하지 않으면, 그들이 하나님과의 교제를 지속하지 않으면, 하나님이 그들을 외면하실 것임을 처음부터 경고하셨습니다.

"적들이 하나님의 백성들을 정복할 것이다. 그들은 사로잡혀 포로가 될 것이며, 하나님이 주신 땅에서, 자신들의 집에서 쫓겨나 흩어지게 될 것이다. 그들은 난민과 방랑자가 될 것이다. 그리고 낯선 땅에서 이방인이 될 것이다."

하나님은 이미 처음에 자기 백성들에게 그 모든 것을 말씀하셨습니다. 그러나 그들이 어리석음에 빠져 하나님을 잊어버리고 불순종하며 등을 돌렸기 때문에 하나님이 경고하신 그 일이 그들에게 일어났습니다.

그들은 사로잡힌 이방인이 되는 것이 자신들의 불순종에 대한 마땅한 결과라는 것을 알고 있었습니다. 그러나 그들은 그곳에서 하나님께 부르짖었습니다. 그러자 하나님은 그들의 부르짖음을 들으시고 다시 돌아오게 해 주셨습니다.

그들의 일부는 앗수르 사람들에게, 다른 일부는 갈대아인들에게 사로잡혀 예루살렘에서 멀리 떨어진 앗수르와 바벨론으로 끌려 갔지만, 부르짖는 자들은 다시 돌아왔습니다. 남은 자들도 돌아왔습니다. 시편 기자는 분명 그 일을 생각하고 있었습니다.

"여호와의 속량을 받은 자들은 이같이 말할지어다. 여호와께서 대적의 손에서 그들을 속량하사 동서남북 각 지방에서부터 모으셨도다"(2,3절).

구약의 역사는 분명 신약에서의 구원과 그리스도인에게 일어나는 일을 보여 주는 완벽한 그림입니다. 하나님은 이스라엘

민족을 만드시고, 그들을 인류를 다루시는 하나님의 방식을 전 세계에 보여 주는 도구로 사용하셨습니다. 제가 지금 이 시편을 통해 얻고자 하는 것도 바로 그 그림입니다. 때때로 그림으로 이런 것을 생각해 보는 것이 매우 좋기 때문입니다.

신약의 많은 부분에 나타나는 교리는 매우 단순하고도 명확합니다. 이것을 그림으로 그려 봅시다. 구약에서 복음을 살펴봅시다. 구약의 모든 부분에는 복음이 들어 있습니다. 기쁨에 넘치는 생생한 그 그림은 우리의 마음에 교리를 새겨 주고 그것을 기억할 수 있게 해 줄 것입니다.

하나님을 향한 감사

저는 이 시편이 가르쳐 주는 위대한 원칙들을 봅니다. 첫 번째는 바로 기독교의 기본적이면서도 주된 곡조입니다. 그리스도인의 주된 특징은 하나님께 감사를 올려 드리는 것입니다.

"여호와께 감사하라. 그는 선하시며 그 인자하심이 영원함이로다. 여호와의 속량을 받은 자들은 이같이 말할지어다"(1,2절).

시편 기자는 "속량을 받은 자들은 이같이 말할지어다"라고 말하면서 사람들에게 그것을 촉구합니다. 그들이 감사의 말을 해야 할 이유가 있기 때문입니다. 그러나 무엇보다도 먼저 우리는 하나님께 이런 감사와 찬양을 드리는 그리스도인이 최우선으로 여겨야 할 것이 무엇인지를 분명하게 이해해야 합니다.

이것은 매우 중요합니다. 그것은 우리가 어디에 있는지를 깨닫기 위해 스스로를 점검할 수 있는 가장 간단하면서도 좋은 방법이기 때문입니다.

하나님과의 관계

이제 점검해 봅시다! 우리는 하나님께 감사를 느끼고 있습니까? 그리스도인은 어떤 사람입니까? 분명 그리스도인은 하나님과의 관계를 느끼며 알고 있는 자입니다. 여러분은 신약을 읽을 때마다 즉시 이러한 결론에 도달해야 합니다. 이미 지적했듯이 이 결론은 구약에도 명백하게 나와 있습니다.

성경에 따르면 세상에는 오직 두 부류의 사람이 있습니다. 즉, 경건한 자와 불경건한 자입니다. 우리 모두는 그 두 부류 가운데 하나에 속해 있습니다. 이 순간에도 우리의 인생에서 가장 중요한 문제는 하나님과의 관계에 대한 것입니다.

성경 전체를 살펴본다면, 여러분은 언제나 하나님과의 관계가 '길' 이라는 것을 깨닫게 될 것입니다. 가인과 아벨의 차이가 무엇입니까? 노아의 가족과 세상의 다른 사람들의 차이는 무엇입니까?

아브라함을 다른 사람과 구별되게 만든 것은 무엇입니까? 아브라함을 그가 자란 이교도의 환경에서 선택받게 한 것이 무엇입니까? 그것은 바로 하나님과의 관계였습니다. 아브라함은 하나님 중심의 사람이었습니다. 그는 하나님을 의지하고 모든 것을 그분께 맡기며 감사하는 자였습니다.

저는 구약의 족장들과 성도들, 선지자들과 다른 모든 사람을 통해 여러분이 그들과 같은 길로 가도록 인도할 것입니다. 그 길은 그들로 하여금 언제나 다른 사람들과 구별되게 만들었습니다. 그들은 하나님을 향한 감사의 마음을 지니고 있었습니다. 그 감사의 마음이 그들을 구별되게 만든 것입니다.

그것이 구약에서의 사실이라면 신약에서도 당연히 그러하지 않겠습니까! 그리스도인들은 분명한 방식과 이유로 하나님과 자신이 이러한 관계에 있음을 믿는 자들입니다. 그것은 그들이 나름대로의 방식으로 삶을 살아가고, 또한 그렇게 어떤 일을 한다는 말이 아닙니다. 그것은 무엇보다도 그들이 하나님께 관심이 있다는 말입니다. 그렇다면 그리스도인이 아닌 자의 생각과 마음과 삶 속에는 하나님에 대한 생각이 없다는 것이 분명해집니다.

고난 속에서의 감사

"여호와께 감사하라. 그는 선하시며 그 인자하심이 영원함이 로다"(1절).

더욱이 그리스도인은 단지 하나님과의 관계에 관심을 가지는 것에 그치지 않습니다. 그들의 마음속에는 하나님을 향한 감사의 마음이 있습니다. 그들은 하나님을 찬양하기를 열망합니다.

하나님은 그들의 삶의 주인이십니다. 그들은 하나님을 의지하는 마음을 알고 있습니다. 그들은 하나님의 선하심을 알고 있습니다. 또 다른 시편 기자가 말하는 것을 들어 보십시오.

"내 평생에 선하심과 인자하심이 반드시 나를 따르리니, 내가 여호와의 집에 영원히 살리로다"(시 23:6).

"내 영혼아, 여호와를 송축하라. 내 속에 있는 것들아, 다 그의 거룩한 이름를 송축하라"(시 103:1).

이것이 구약의 감사입니다.

그렇다면 신약에서는 얼마나 더 감사가 넘치겠습니까! 신약에 나타난 감사의 표현을 찾다 보면 여러분은 감사가 신약의 큰 특징이라는 것을 알게 될 것입니다.

사람들은 사도행전이 세계에서 가장 열정적인 책이라고 종종 이야기합니다. 물론 그 말은 사실입니다. 초대 그리스도인들의 주된 특징은 바로 억누를 수 없는 기쁨이었습니다. 사람들이 그들에게 어떻게 하는지는 중요하지 않았습니다.

사람들은 바울과 실라를 감옥에 던져 넣고 그 발을 차꼬에 든든히 채웠습니다. 그러나 그들은 한밤중에 '기도하고 하나님을 찬미'(행 16:25 참고)하였습니다. 바울과 실라는 자신에게 무슨 일이 행해졌는지가 중요하지 않았습니다. 그들의 마음속에는 기쁨이 있었습니다. 그들의 마음은 찬양하고 있었습니다. 그들은 하나님을 찬미하고 있었습니다.

서신서에서도 우리는 똑같은 상황을 발견합니다. 서신서들은 모두 어떤 의미에서, 무슨 일이 일어나든지 하나님의 사람들이 여전히 하나님을 찬양해야 한다고 말하기 위해 쓰인 것입니다. 그들은, 자신이 처한 힘겨운 상황을 하나님과의 새로운 관계라는 빛 속에서 바라보아야 함을 깨닫습니다. 그래서 사도 바울은 빌립보 교인들에게 편지를 쓰면서 계속해서 같은 말을 반복합니다.

"끝으로 나의 형제들아, 주 안에서 기뻐하라"(빌 3:1).

"주 안에서 항상 기뻐하라. 내가 다시 말하노니 기뻐하라"(빌 4:4).

그렇다면 사도 요한은 왜 계시록을 기록했을까요? 분명히 말씀드리지만 계시록은 세상 끝 날이 언제인지를 알려 주기 위해 기록한 것이 아닙니다! 그런 생각은 계시록에 대한 매우 안타까운 오해입니다.

계시록은 끔찍한 핍박과 엄청난 고난을 겪고 있는 하나님의 백성들이 계속해서 기뻐할 수 있게 하기 위해 기록된 책입니다. 그래서 기뻐해야 할 하나님의 백성들에게 주님이 사탄과 다른 모든 세력을 이기고 궁극적인 승리를 거두신다는 것을 보여 줍니다.

또한 계시록은 고난 가운데 있는 사람들을 위한 책입니다. 그래서 계시록은 모든 시대와 모든 세대의 그리스도인들을 도울 수 있습니다. 만약 여러분이 계시록을 읽으면서도 기쁨을 얻지 못한다면, 여러분은 계시록을 이해하지 못하는 것입니다.

이와 같이 감사는 그리스도인의 가장 주되고도 특징적인 곡조입니다. 그리스도인들은 하나님을 알 뿐만 아니라 그분을 믿습니다. 그들은 하나님께 감사드리기를 원합니다. 또한 하나님을 찬양합니다. 하나님의 선하심을 압니다.

전인격적인 기독교

이제 여러분은 이것이 얼마나 결정적이고 가치 있는 점검인지를 알게 될 것입니다. 도덕성은 그 자체로는 좋은 것이지만 결코 결정적인 결과로 이끌지는 못합니다. 도덕적인 사람은 매우 선합니다. 도덕적인 사람이 매우 좋은 사람일 수도 있습니다. 그러나 단지 도덕성만 가지고 있다면, 그는 결코 하나님을 찬양하는 사람이 될 수 없습니다.

도덕적인 사람, 그는 매우 정확한 사람일지도 모릅니다. 그리고 실제의 삶에서도 그러할지 모릅니다. 또한 가장 세심한 사람일 수도 있습니다. 여러분은 그에게 손가락질할 수 없을 것입니다. 그의 인생을 다룬 책에서 단 하나의 흠도 찾지 못할 수도 있습니다. 그러나 그의 삶에서 우리는 결코 마음을 따뜻하게 해 줄 수는 없는 도덕적인 인간의 특징만을 볼 뿐입니다. 왜냐하면 그의 마음이 따뜻하지 않기 때문입니다.

도덕적인 사람, 그의 삶에는 감사함이 없습니다. 매튜 아놀드(Matthew Arnold)처럼 신랄한 사고자(思考者. 그는 그리스도인이 아닙니다)는 종교를 '감정으로 물든 도덕성' 이라고 정의했습니다. 그것이 어떤 의미에서는 옳을 수도 있습니다. 그는 어쨌든 도덕성과 기독교의 차이를 보기는 보았습니다.

도덕성은 온전합니다. 그리고 정확합니다. 그러나 도덕성은 차갑습니다. 도덕성에는 감정이 없습니다. 매튜 아놀드 같은 불신자도 성경과 교회사를 읽을 때나 성도들의 삶을 볼 때, 비록 눈이 먼 사람이었지만, 그 차이점을 볼 수 있었습니다.

감정이 없는 그리스도인이 되는 것은 불가능합니다. 그렇다고 해서 지금 제가 감정주의를 옹호하는 것은 아닙니다. 저는 결코 감정주의를 옹호하지 않습니다. 그러나 다시 한번 말씀드립니다. 당신의 종교에 감정이 없다면, 당신은 그리스도인이 아닙니다. 당신의 종교는 도덕일 뿐입니다.

그와 마찬가지로 감사와 찬양의 제사를 드리는 것이 기독교와 철학의 차이입니다. 세상에는 많은 철학이 있습니다. 그 가운데에는 매우 고상하고 탁월한 철학도 많습니다. 그 철학들은 높은 이상과 놀라운 사고 체계를 가지고 있습니다. 그러나 철학은 지적인 상태에 머물러 있을 뿐입니다. 그리고 바로 그 이유 때문에 철학은 도덕과 마찬가지로 언제나 차갑습니다.

만일 철학자가 감정을 드러내기 시작한다면, 동료 철학자들은 지체하지 않고 그를 비난할 것입니다. 그들은 그 철학자에게 무슨 문제가 있다고 말할 것입니다. 철학자는 모든 학문과 적당한 거리를 유지하고 있어야 합니다.

철학자는 분석가입니다. 그는 사물을 응시하고 그 범주를 다룹니다. 그리고 자신의 개념을 만들어 내지만 결코 그 안에 빠지지는 않습니다. 만일 그렇게 된다면 그는 더 이상 좋은 철학자가 아닙니다. 차갑고 과학적이며 지적인 구별이자 단절, 바로 그것이 철학입니다.

철학은 그런 점에서 본질적으로 기독교와 다릅니다. 기독교가 가진 영광스러운 점은 그것이 인간의 전인격과 연관된다는 것입니다. 기독교는 도덕처럼 단지 의지가 아닙니다. 기독교는 철학처럼 단지 지식이 아닙니다. 기독교는 이단이나 거짓 종교처럼 단지 감정도 아닙니다. 기독교는 전인격적입니다.

찬양, 모든 참된 그리스도인의 특징

두 번째로 저는 무엇보다도 찬양이 기독교의 절대적인 본질임을 강조합니다. 그리스도인들은 자신의 모든 것이 하나님의 은혜 때문임을 아는 자들입니다. 사도 바울은 그것을 다음과 같이 표현했습니다.

"그러나 내가 나 된 것은 하나님의 은혜로 된 것이니"(고전 15:10).

바울은 모든 것을 하나님께 돌리고 있습니다. 그리고 그것이 바울이 하나님을 찬양하는 이유입니다.

자, 이제 우리 자신을 점검해 봅시다! 여러분과 저는 하나님께 감사하지 못하는, 단지 종교를 가질 수도 있습니다. 제 종교가 뽀얗게 먼지 앉은 성경처럼, 삶과는 무관할 수도 있습니다. 또한 자기 예찬에 빠진 자들의 모임에 불과할지도 모릅니다.

하나님께 존경 표하기를 기뻐하지만 그것 때문에 스스로를 선하다고 생각한다면, 사실 그것은 선하다는 이유로 제 자신을 경배하는 것이지, 결코 하나님을 경배하는 것이 아닙니다.

교회의 일원이 되는 것을 참된 그리스도인이 되는 것과 혼동하지 맙시다. 여러분은 그리스도인이 아니면서도 교회의 일원이 될 수도 있습니다.

만일 여러분의 기독교가 단지 교회의 일원이 되는 것이나 교회에서 사역을 하는 것이라면, 여러분의 기독교에 하나님께 감사하는 마음이 빠져 있다면, 또한 여러분의 기독교가 하나님께 드리는 찬양이 아니라 자신이 무엇을 하고 있으며 어떤 직업을 가지고 있느냐의 문제라면, 그것은 참된 기독교가 아닙니다.

그리스도인은 자신이 가진 모든 것이 우리의 주요 구주이신 예수 그리스도 안에 계신 하나님의 은혜 때문이라는 것을 깨닫습니다. 이 사실을 결코 부인할 수 없습니다. 따라서 그것이 으뜸이요, 가장 근본적인 검증입니다. 여러분의 마음속에 하나님께 드리는 찬양이 있습니까? 여러분에게는 시편 기자의 다음과 같은 초대와 호소에 반응하려는 마음이 있습니까?

"여호와께 감사하라. 그는 선하시며 그 인자하심이 영원함이로다. 여호와의 속량을 받은 자들은 이같이 말할지어다"(1,2절).

여러분은 그렇게 말할 준비가 되어 있습니까? 여러분 안에 어떤 반응이 있습니까? 자신이 하나님을 더 많이 찬양하지 못하는 것을 후회하고 있습니까? 그런 자신을 보면서 깊은 안타까움을 느낍니까? 여러분은 이렇게 말할 수 있습니까?

"주님, 제가 가진 가장 큰 안타까움은
제 사랑이 연약하고 희미하다는 것,
그러나 당신을 사랑하고 경배하오니
오, 당신을 더 많이 사랑할 수 있도록 은혜를 베푸소서!"

윌리엄 카우퍼(William Cowper)의 찬송시
'Hark, my Soul! It is the Lord' 중에서

여러분이 비록 하나님을 찬양하고 있다고 단호하게 말할 수는 없다고 하더라도, 하나님을 찬양하기를 원한다고는 말할 수 있습니까? 여러분은 하나님을 더 많이 찬양하지 못하는 것 때문에 탄식합니까? 저는 그러한 탄식도 여러분을 하나님께로 이끌 수 있다고 생각합니다. 그 탄식은 여러분이 찬양하고 있음을, 그리고 여러분이 찬양하기를 간절히 원하고 있음을 의미하기 때문입니다.

찬양은 참된 그리스도인들의 으뜸이자 주된 특징입니다. 찬양은 그들이 연구하는 철학이 아닙니다. 찬양은 그들이 실천하는 도덕성도 아닙니다. 찬양은 그들이 모든 것, 전부를 하나님의 은혜로 받는다는 인식입니다.

보편적인 초대

시편 기자는 찬양이 모든 참된 그리스도인의 특징이라는 점을 강조하면서 이렇게 말합니다.

"여호와의 속량을 받은 자들은 이같이 말할지어다. 여호와께서 대적의 손에서 그들을 속량하사 동서남북 각 지방에서부터 모으셨도다"(2,3절).

이것은 매우 중요합니다. 여기에 세계 곳곳에 있는 사람들을 모두 나오라고 부르는 사람이 있습니다. 그들의 모든 차이에도 불구하고, 그는 하나의 주제로 목소리를 합하라고 그들을 부릅니다. 여기에 전우주적인 찬송을 부르기 위해 함께 나오라고 부르는, 모든 이를 위한 초대가 있습니다.

기독교에 대한 현대의 개념들에는 많은 오해가 있습니다. 오늘날 우리는 모두 위대한 심리학자들이어서 기독교를 매우 단순하고도 쉽게 설명할 수 있다고 생각합니다. 그리고 이렇게 말합니다.

"아, 물론 종교적인 사람들이 있습니다. 그들이 바로 그리스도인들이지요. 그들이 종교적인 것은 우연히 그런 성향을 가지고 태어났기 때문입니다. 환경도 그들을 그렇게 종교적인 기독교인으로 만들었습니다. 그들은 종교적인 사람들입니다. 적어도 그들은 종교적인 고정관념을 가지고 있습니다.

그러나 세상에는 여러 가지 기질의 사람이 있습니다. 어떤 사람들은 활발하고 어떤 사람들은 실용주의적이며, 또 어떤 사람들은 세심하거나 지나치게 꼼꼼한 사람도 있습니다. 어떤 사람들은 부주의하고 무관심합니다. 어떤 이들은 음악과 미술, 문학, 정치학, 과학 등 다양한 것에 관심을 기울입니다. 이렇게 사람들은 다양합니다.

그들 가운데는 종교적인 사람들도 있습니다. 과거의 비극은 교회가 모든 사람이 종교적이어야 한다고 가르쳤다는 것에 있습니다. 당시의 사람들은 종교적인 가르침이 어떤 이에게는 옳을 수도 있지만 모든 사람에게 옳은 것은 아니라는 사실을 인식하지 못했습니다. 그들은 지금 우리가 가지고 있는 지식을 가지고 있지도 못했습니다. 즉, 종교가 단지 종교적인 사람들만을 위한 것임을 몰랐던 것입니다."

여기에서 논쟁이 생기게 됩니다. 그러나 지금 이 시편 기자는 이러한 현대의 이론이 거짓임을 보여 줍니다. 그는 '동서남북 각 지방에서부터' 사람들을 초대합니다. 그는 사람들이 말하는 구분과 구별이 전혀 옳지 않으며 불필요하다고 말합니다. 사람들은 전혀 다르지 않기 때문입니다.

시편 기자는 오랜 세월 교회가 그렇게 해 왔듯이, 같은 찬양에 동참하라고, 전혀 다른 배경에서 온 사람들을 부르고 있습니다. 그것은 여전히 교회의 당당한 주장이자 자랑입니다.

사람들이 어느 나라에서 왔는지도, 피부색이 어떤지도 중요
하지 않습니다. 그들의 혈통도, 문화적 배경도 중요하지 않습
니다. 그들의 기질이 어떤지도, 그들의 정신 상태가 어떤지도,
그들이 어느 세기에 살고 있는지도 중요하지 않습니다. 그들의
실제적인 경험도 전혀 중요하지 않습니다. 시편 기자는 같은
말과 같은 찬양을 드리자고 모든 사람을 초대합니다.

"여호와의 인자하심과 인생에게 행하신 기적으로 말미암아
그를 찬송할지로다"(8절).

이것이 우리가 붙잡을 수 있는 가장 중요한 원칙 중의 하나입
니다. 경험이 얼마나 다르냐는 전혀 중요치 않습니다. 여전히
우리는 같은 곳으로 나옵니다. 회심의 표준적인 유형은 없으
며, 한 사람의 인생이 어떠했는지도 전혀 중요하지 않습니다.

저는 어떤 특별한 부류의 사람들만이 회심할 필요가 있다고
믿는 사람들을 만난 적이 있습니다. 당시 저는 남부 웨일즈의
선창 지역에 있는 한 선교 교회의 목사였는데, 어느 마을에서
매우 신앙심이 깊은 복음주의 설교를 했습니다. 제가 설교했을
때 그 마을에서 존경받는 한 목사님이 다음과 같이 말했다고
합니다.

"물론 로이드 존스 목사의 교회에서는 그런 설교가 필요할

것이다. 그러나 이곳에서는 그런 회심의 설교는 필요 없다."

저는 웨스트민스터 채플(Westminster Chapel) 예배당에서도 한 부인이 다음과 같이 말하는 것을 들은 적이 있습니다.

"저 목사님은 우리가 모두 죄인인 것처럼 설교를 해요."

이런 말들은, 우리가 보기에도 회개와 거듭남이 필요하다고 여겨지는 죄인들에게만 회개의 설교가 필요하다는 생각을 보여 줍니다. 그들은 회개가 모든 사람에게 필요한 것이 아니라고 말합니다. 즉, 우리의 경험에 따라 회개할 자와 그렇지 않은 자를 나누는 것입니다.

술 취함은 당연히 회개해야 할 죄이며 우상 숭배자들도 회개해야 하지만, 항상 예배를 드리면서 자란 깔끔하고 점잖은 사람들은 회개할 필요가 없다고 말합니다! 그것이 그들의 주장입니다. 그러나 그것은 성경의 교리가 아닙니다.

보편적인 공통분모

성경의 교리는, 여러분의 과거가 어떠하든지, 여러분의 경력이 어떠하든지, 여러분의 아버지와 어머니가 어떤 분이든지, 여러분의 조부모가 어떤 분이든지, 여러분이 어떤 이름을 가졌든지, 여러분이 어디에서 자랐든지, 살아 있는 모든 사람은 회개해야 하고 거듭나야 한다는 것입니다.

그것은 보편적인 것입니다. 모든 구별과 나눔은 완전히 부적절하고 무의미합니다. 우리 모두는 그리스도인이 될 때 하나가 되기 때문입니다.

시편 기자가 찬양대를 모으는 그림에서 강력하게 제시하는 그 주장을 우리는 신약에서도 완벽하게 볼 수 있습니다. 여러분은 열두 제자보다 더 다양한 성향을 지닌 사람들을 상상할 수 있습니까?

베드로와 요한의 차이를 보십시오. 시인이자 묵상가이며 신비주의적인 요한과, 물불을 가리지 않는 저돌적인 행동가이며 용맹한 사람, 혈과 육의 사람인 베드로를 비교해 보십시오.

바울을 보십시오. 그는 다른 제자들과 완전히 다른 사람입니다. 나다나엘을 보십시오. 안드레를 보십시오. 예수님의 제자들을 모두 살펴보십시오. 단지 심리학의 일반 규칙이나 철학으로 그들을 분석해도 그들이 모두 본질적으로 다르다는 것을 알게 될 것입니다.

그러나 그렇게 달랐지만 메시지와 찬양에서 그들은 하나였습니다. 그들은 이 찬양 속에서, 이 찬양대에서 하나였습니다. 그것은 그들에게서만 볼 수 있는 사실이 아니라 교회의 전체 역사가 보여 주는 사실입니다.

전기를 읽을 때 제가 늘 새 힘을 얻는 이유가 바로 그것입니다. 그리스도인들의 삶에 대해 읽어 보십시오. 그러면 그들이 본질적으로는 전혀 다르지만 모두 같은 곳으로 나아온 자들임을 발견하게 될 것입니다. 그들은 모두 같은 일을 하고 있습니다. 물론 그들이 우표처럼 찍어 낸 듯 똑같다는 말은 아닙니다. 그러나 본질적으로 그들은 같은 경험을 합니다. 그들은 같은 증언을 하고 같은 찬송을 합니다.

한동안 동시대를 살았던 마틴 루터와 존 칼빈처럼 성향이 뚜렷하게 다른 두 사람을 상상하기란 매우 어려울 것입니다. 루터는 활화산같이 격정적인 사람이었고, 칼빈은 신중하고도 정확하며 논리적인 사람이었습니다.

그러나 두 사람은 확실히 같은 일에 동참했습니다. 그리고 그것은 오랜 세기 동안 교회사에서 뛰어난 업적을 남긴 모든 사람의 경우에도 마찬가지였습니다.

이렇게 해서 지금까지 두 번째 요점을 말씀드렸습니다. 그리스도인들의 주된 특징은 하나님을 찬양하는 것입니다. 여러분의 혈통과 성품이 어떠하고, 과거의 경력이 어떠한지는 중요하지 않습니다. 여러분이 그리스도 안에서 하나님께로 나온다면, 다른 모든 그리스도인이 소유한 것을 가지게 될 것입니다. 그것은 우리 모두에게 공통분모를 부여합니다. 그리고 우리에게 공통된 요소를 소개합니다.

무엇이 연합을 낳는가?

마지막으로 다음 질문을 드리겠습니다. '이 연합을 낳는 것은 무엇입니까?'

시편 기자는 동서남북에서 사람들을 모으고 있습니다. 그리고 그들에게 똑같은 것, 똑같은 노래를 할 것을 청합니다. 그들을 그렇게 하도록 이끄는 것이 무엇입니까? 이 놀라운 연합을 낳는 것이 도대체 무엇입니까? 시편 기자는 첫 세 절에서 직접 그에 대하여 답합니다.

하나님의 성품

첫 번째는 하나님의 성품입니다.

"여호와께 감사하라. 그는 선하시며 그 인자하심이 영원함이로다"(1절).

우리를 연합하게 하는 것은 바로 하나님의 선하심입니다. 기독교는 우리 자신에게서 시작하지 않습니다. 기독교는 언제나 하나님으로 시작합니다. 오늘날 이러한 연합이 부족한 것은 사람들이 자신에게서 시작하기를 좋아한 나머지 하나님을 잊어버렸기 때문입니다.

시편 기자는 하나님으로 시작하는 것을 올바른 순서로 제시합니다. 그것이 시편 기자의 주장입니다. 그는 사람들이 하나님을 알고 그분이 어떤 분이며 자신이 어떤 자인지를 조금이라도 깨닫는 순간, 하나님을 찬양하게 된다고 말합니다. 하나님이 선하시기 때문에 우리가 그분을 찬양하게 된다는 것입니다.

만일 여러분과 제가 마땅히 해야 할 일임에도 불구하고 하나님을 찬양하지 않는다면, 그 이유는 오직 한 가지뿐입니다. 그것은 바로 우리가 하나님을 모른다는 것입니다.

여러분은 바로 이 순간에 하늘에서 무슨 일이 일어나고 있는지를 알고 있습니까? 가장 밝은 천사들이 그곳에서 하나님을 찬양하고 있습니다. 그들은 찬양과 존귀와 영광을 전능하신 하나님께 돌립니다.

"거룩하다 거룩하다 거룩하다. 만군의 여호와여"(사 6:3).

모든 천사의 찬양대가 하나님을 찬양하고 있습니다. 왜 그렇습니까? 그분이 하나님이기 때문입니다.

"하늘이 하나님의 영광을 선포하고"(시 19:1).

만일 우리에게 볼 수 있는 눈만 있다면, 모든 자연이 하나님의 영광과 경이로움, 위대함을 선포하고 있음을 보게 될 것입니다. 만일 인류가 타락하지 않고 죄의 노예가 되지 않았다면, 모든 사람이 하나님을 찬양하고 경배할 것입니다. 하나님은 우리를 그런 존재로 만드셨습니다. 하나님과 올바른 관계에 있을 때 사람들은 하나님을 찬양합니다.

사랑하는 여러분, 이것은 매우 중요합니다. 만일 여러분이 지옥에 가게 된다면, 그것은 여러분이 하나님을 찬양하지 않았기 때문임을 알고 있습니까? 이제 잠시 죄에 대한 모든 것을 잊어버리십시오. 여러분은 하나님을 찬양하고 있습니까? 하나님은 여러분을 그렇게 하도록 창조하셨습니다! 하나님이기 때문에 그분은 마땅히 찬양을 받아야 합니다.

그분을 찬양하지 않는 것보다 더 끔찍한 죄는 없습니다. 우리가 신약에 나오는 교만한 바리새인이 세상에서 가장 소망 없는 사람이라고 느끼는 이유가 바로 그것입니다. 성경은 자기 의와 자기 만족을 구하는 자를, 술 취한 자나 창녀와도 비교할 수 없을 만큼 중한 죄인이라고 말합니다. 그것은 자기 만족을 구하는 자의 삶에는 하나님을 향한 찬양이 없기 때문입니다. 그는 철저하게 자기 만족을 구합니다. 그는 모든 시간을 자신을 찬양하면서 보냅니다.

바리새인과 세리의 비유에서 자기 만족을 구하는 자에 대한 주님의 그림을 보십시오. 바리새인은 감사하고 있습니다. 그 이유가 무엇인지를 잘 들어 보십시오.

"하나님이여, 나는 다른 사람들, 곧 토색, 불의, 간음을 하는 자들과 같지 아니하고 이 세리와도 같지 아니함을 감사하나이다"(눅 18:11).

바리새인은 "나는 매우 훌륭한 사람입니다"라고 말하고 있는 것입니다. 그는 하나님이 하나님이기 때문에 그분을 찬양하는 것이 아닙니다. 그는 자신이 대단히 훌륭하기 때문에 하나님을 찬양합니다.

그는 일주일에 두 번 금식합니다. 가난한 자들에게 소득의 십일조를 줍니다. 그는 세리나 토색하는 자와 같지 않습니다. 그는 선한 사람입니다. 그는 자신의 모습을 보면서 하나님께 감사를 드립니다.

그러나 사실 그는 하나님께 감사를 드리는 것이 아닙니다. 그는 스스로에게 감사하고 있을 뿐입니다. 그는 하나님께 자신에 대해 말하고 있습니다. 그는 하나님께 아무것도 구하지 않습니다. 아무것에도 감사하지 않습니다.

가장 끔찍한 죄는 스스로를 높이는 태도입니다. 자신의 독실한 신앙심에 의지하는 것입니다. 자신의 도덕성이나 옳다고 생각하는 것에 의지하는 것입니다. 그리스도 안에 있는 하나님의 은혜가 아닌 다른 것에 의지하는 것입니다.

하나님은 하나님이기 때문에 찬양을 받으셔야 합니다. 사람들이 하나님을 찬양하지 않는 그것이 바로 죄의 본질입니다. 사람들은 하나님의 위엄과 힘, 주권, 능력, 신성, 영원함에 대해 마땅히 올려 드려야 할 영광을 하나님께 돌리지 않습니다.

"여호와께 감사하라. 그는 선하시며"(1절).

우리가 하나님께 감사하지 못하는 것은 그분의 선하심을 깨닫지 못하기 때문입니다.

"하나님이 그 해를 악인과 선인에게 비추시며 비를 의로운 자와 불의한 자에게 내려 주심이라"(마 5:45).

때를 따라 계절을 바꾸사 땅이 열매를 맺게 하시는 하나님, 그분이 바로 하나님입니다! 인간의 죄에도 불구하고 그들에게 복 주시는 하나님, 그분이 바로 하나님입니다! 그분을 안다면, 우리는 그분을 찬양하게 될 것입니다. 하나님은 선하시기 때문에 찬양받기에 합당하십니다.

하나님의 인자하심

하나님은 우리가 하나님을 찬양해야 할 또 다른 이유를 주십니다. 그것은 "그 인자하심이 영원함이로다"라는 것입니다. 그것은 우리가 하나님을 찬양하지 않더라도, 또한 우리가 마땅히 해야 하는 만큼 하나님을 찬양하지 않더라도 그분이 우리를 버리거나 포기하지 않으신다는 것을 의미합니다. 하나님은 한 번도 우리에게 등을 돌리지 않으셨습니다. 하나님은 언제나 인자와 긍휼로 우리를 바라보셨습니다.

이스라엘 백성들을 향한 하나님의 인자하심을 보십시오. 그들은 하나님에게 등을 돌리고 자신의 길로 가 버렸습니다. 그들은 하나님을 잊고 다른 신들을 세웠습니다. 그리고 우상들을 섬김으로써 하나님을 모독했습니다. 그런데도 하나님은 왜 그들을 멸절시키지 않으셨습니까? 그에 대한 한 가지 대답이 있습니다.

"그 인자하심이 영원함이로다"(1절).

하나님은 그들의 악한 태도를 참으셨습니다.

하나님의 인자하심을 진정 알고자 한다면 그리스도를 보십시오. 베들레헴에 오신 한 아기를 보십시오. 십자가를 보십시오.

"하나님이 세상을 이처럼 사랑하사 독생자를 주셨으니"(요 3:16).

"그 인자하심이 영원함이로다"(1절).

그렇습니다! 하나님이 어떻게 인자하심을 보여 주십니까? 이 시편에 그것이 나와 있습니다. 하나님이 허락하신다면 우리는 다시 하나님의 인자하심을 자세히 다룰 것입니다. 그러나 지금은 시편 기자가 첫 세 절에서 보여 주는 대로 하나님의 인자하심을 요약해 보겠습니다.

하나님의 인자하심은 그분이 우리를 바라보신다는 사실에서 알 수 있습니다. 우리는 그런 은혜를 받을 자격이 없습니다. 만일 상응한 벌을 받게 된다면, 우리는 모두 멸절되어야 할 것입니다. 그러나 하나님은 쉬지 않고 우리와 세상을 바라보십니다. 그리고 이렇게 말씀하십니다.

"여호와의 속량을 받은 자들은 이같이 말할지어다. 여호와께서 대적의 손에서 그들을 속량하사 동서남북 각 지방에서부터 모으셨도다"(2,3절).

이 얼마나 완벽한 복음의 선포입니까!

절망에서 건져 주심

시편 기자는 우리가 대적의 손에서 구속받았다고 말합니다. 그것은 곧 우리가 이 세상에서 절망의 상태에 있었음을 뜻합니다. 이 시편을 읽어 가면서 우리는 사람들이 광야 사막 길에서 방황하고 있든지, 옥에 갇혀 쇠사슬에 매인 채 무기력하게 앉아 있든지, 병상에서 죽어 가든지, 폭풍 치는 바다 한가운데서 이리저리 요동하고 있든지, 그들이 절망 가운데 있었음을 깨닫게 될 것입니다. 그들은 모두 다음과 같이 반응합니다.

"그들이 근심 중에 여호와께 부르짖으매"(6절).

그들은 절망 가운데 빠져 있습니다. 상황은 더욱 나쁘게 흘러갑니다. 그들은 무기력하고 소망이 없습니다. 아무것도 할 수가 없습니다. 그러나 그런 철저한 무기력 속에서 자신이 잊고 있었던 하나님을 기억합니다. 그리하여 인자하심과 긍휼을 구하면서 하나님께 부르짖습니다. 그러자 하나님이 그들의 부르짖음을 들으시고 절망 속에서 그들을 건져 주십니다.

그것은 모든 그리스도인에게 공통된 것입니다. 그것을 모르는 사람은 그리스도인이라고 할 수 없습니다. 그리스도인들은 쓰디쓴 절망 속에 있는 자신을 아는 자입니다. 제 말씀을 오해하지 마십시오. 스스로에게 절망하지 않았다면, 저는 여러분을 그리스도인이라고 말할 수 없습니다.

또한 그리스도인들은 자신과 인생에 대해 깊은 절망에 빠져 무엇을 해야 할지를 모르는 자입니다. 그들은 절망과 당황 가운데 빠져 어찌할 줄을 모릅니다. 그들은 고통 가운데 있을 뿐 아니라 자신이 어디에 있는지도 모릅니다.

그들은 마음을 새롭게 가집니다. 매년 새해가 되면 새로운 각오를 합니다. 그들은 좋은 일을 하려고 노력합니다. 선한 일에 기부금을 계속해서 더 많이 냅니다. 금식하고 수고하며 기도합니다. 그러나 그들은 여전히 자신이 어디에 있는지를 모릅니다. 그들은 길을 잃고 방황할 뿐입니다.

그렇게 철저하게 무능력하고 소망을 잃어버린 상황 속에서 하나님께 부르짖는다면, 그들이 바로 그리스도인입니다. 그리스도인은 모든 것을 시도하지만 모든 것이 실패했음을 깨닫습니다. 그리고 자신이 찾던 모든 것이 주 예수 그리스도, 하나님의 아들 안에 있음을 발견합니다.

그들은 자신에게 절망하고 소망을 잃었습니다. 자신이 스스로를 구원할 수 없음도 깨닫습니다. 그리고 하나님이 자신을 사랑하사 하나님과 화목케 하기 위해, 대신 죽으시고 구원할 자로 자기의 독생자를 세상에 보내셨다는 소식을 듣고 기뻐합니다.

"그들의 고통에서 건지시고"(6절).

하나님은 우리를 속량해 주셨습니다.

"여호와의 속량을 받은 자들은 이같이 말할지어다. 여호와께서 대적의 손에서 그들을 속량하사"(2절).

하나님이 허락하시면 나중에 대적들에 대해 자세히 설명해 드리겠지만, 우리는 이미 그 대적들에 대해 알고 있지 않습니까? 욕심, 정욕, 질투, 시기, 탐욕, 미움, 앙심, 악의, 불결함, 부정함, 성도착 등이 그것입니다. 그 외에도 수없이 많습니다. 그것들은 우리를 끌어내리고 사로잡으려고 합니다.

가장 도덕적인 사람이 어쩌면 대적의 손아귀에 가장 단단히 붙들린 자일지도 모릅니다. 도덕적인 사람들은 자기 의와 자기만족이라는 쇠사슬에 묶어 두기가 가장 쉽기 때문입니다.

우리를 공격하는 대적들이 있습니다. 그러나 하나님은 그 대적들에게서 우리를 건져 주십니다. 모든 그리스도인은 하나님이 건져 주시는 것을 경험합니다.

저는 그들의 죄가 무엇인지에 대해서는 관심이 없습니다. 그 죄가 어떤 모양인지에도 관심이 없습니다. 저는 그들이 어떤 기질을 가졌는지에도 관심이 없습니다. 그들의 국적에도 관심이 없습니다. 중요한 것은 그들이 그리스도인이라면 절망을 경험했을 것이고, 오직 예수 그리스도 안에서만 구원을 발견한 자들일 것이라는 사실입니다. 그러하기에 모든 그리스도인이 같은 찬양에 동참할 수 있는 것입니다.

그리스도인들은 선하시며 인자하심이 영원하신 하나님을 찬양합니다. 그 하나님이 그들을 속량하셨습니다. 또한 그들을 모으시고 새로운 성품과 생명과 복으로 가득한 넓고 풍요로운 소망의 땅으로 인도하십니다. 내재하시는 성령께서 그들을 인도하고 지도해 주십니다. 그들에게 죄를 이길 힘을 주신 하나님이 그들을 함께 모으사 영원한 집으로 인도하시는 것입니다.

광야

그들이 광야 사막 길에서 방황하며 거주할 성읍을 찾지 못하고
주리고 목이 말라 그들의 영혼이 그들 안에서 피곤하였도다. 이
에 그들이 근심 중에 여호와께 부르짖으매 그들의 고통에서 건지
시고 또 바른 길로 인도하사 거주할 성읍에 이르게 하셨도다. 여
호와의 인자하심과 인생에게 행하신 기적으로 말미암아 그를 찬
송할지로다. 그가 사모하는 영혼에게 만족을 주시며 주린 영혼에
게 좋은 것으로 채워 주심이로다.   시 107:4-9

앞에서 말씀드렸듯이 시편 107편의 가장 큰 주제는 하나님의 선하심에 대해 우리가 마땅히 드려야 할 찬양입니다. 우리는 하나님이 선하실 뿐만 아니라 우리의 구원을 이루시는 데 그분의 선하심이 더욱 분명히 드러났기 때문에 그분을 찬양합니다. 그것은 영원하신 그분의 인자하심으로 인해 올려 드리는 찬양입니다.

이 시편은 구원이 오직 하나님에게서만 나온다고 선포합니다. 그래서 시편 기자는 그 주제를 설명할 뿐만 아니라 여러 가지 방법으로 그것을 제시합니다. 찬양받으실 분은 오직 하나님 한 분뿐입니다. 하나님이 아니면 구원도 없기 때문입니다.

하나님 안에는 넘치도록 풍성한 구원이 있습니다. 우리가 그것을 애써 강조하는 것은, 구원이 모든 사람을 위한 것이기 때문입니다. 즉, 구원은 그것을 찾는 모든 사람, 구원이 자기에게 필요하다는 것을 깨닫는 모든 사람을 위한 것입니다. 기질과 조건, 배경과 능력에 상관없이 동서남북에서 온 모든 자를 위한 것입니다. 자신의 절망을 깨닫고 끔찍한 속박에서, 자신을 사로잡고 있는 대적의 손에서 속량받기를 열망하는 모든 이들을 위한 것입니다.

그런데 첫 세 절에서 보여 주듯이, 시편 기자는 단순히 일반적인 주장을 하는 것에 만족하지 않습니다. 그는 우리에게 일반적인 명제를 제시하고 나서 그것을 증명해 나갑니다. 그것은 노래로 부르는 시편의 형식에 가장 적합한 것으로, 마치 위대한 교향곡을 듣는 듯합니다.

그는 도입부를 연주한 다음에 계속해서 자기가 무엇을 하려고 하는지를 말해 줍니다. 그러고 나서 많은 악장을 연주한 후에 마침내 그 모든 것을 모아 대단원의 막을 내립니다. 그런 의미에서 이 시편은 내재적인 영적 진리와 가치와 아름다운 형식이 조화를 이루어 우리의 경탄을 자아내는 가장 예술적인 음악입니다.

이제 우리는 시편 기자가 제시한 서로 다른 네 가지 그림을 살펴볼 것입니다. 이 그림들을 은유적으로 해석해야 한다는 데는 모두가 동의합니다. 네 가지 그림 속에 등장하는 사람들은 모두 서로 다른 육체적 조건과 상황 속에 처해 있습니다. 물론 하나님은 그런 육체적 조건에서 우리를 건질 수 있을 뿐만 아니라 실제로도 건져 주십니다.

그러나 시편 기자의 묘사는 그 이상을 의미합니다. 우리를 육체적 어려움에서 건져 주시는 것은, 하나님이 영적인 의미에서 무한히 더 큰 방식으로 우리의 영혼에 행하시는 일을 비유하는 것일 뿐입니다.

이 시편은 이스라엘 백성들의 포로 생활과 연관되어 있습니다. 즉, 시편 기자의 모든 묘사와 예화는 이스라엘 백성들이 실제 포로 생활에서 속량받은 것과 연관해서 생각할 수 있습니다. 그러나 영적인 의미에서 본다면, 이 시편은 영적인 속박과 포로 상태에 있던 우리의 영혼이 그리스도 안에서 속량받은 것을 장엄하게 표현한 것입니다.

우리는 이 시편 속의 그림과 묘사를 주로 비유적인 의미에서 해석해야 합니다. 이제 첫 번째 그림에서부터 시작합니다. 이 그림을 살펴볼 때 마음에 새겨야 할 또 다른 중요한 점은, 분명히 이 그림들 각각이 죄를 묘사한다는 것입니다.

죄는 간단한 단어입니다. 그러나 매우 강력합니다. 죄는 셀 수 없을 만큼 다양한 방식으로 모습을 드러냅니다. 그만큼 죄가 미묘하고 난해하다는 뜻입니다. 우리가 죄를 보면서도 때때로 그것이 죄인지를 인식하지 못하는 것은, 바로 이러한 죄의 다양성과 미묘함을 깨닫지 못하기 때문입니다.

우리에게는 죄가 언제나 같은 방식으로 나타난다고 생각하는 경향이 있습니다. 그러나 절대 그렇지 않습니다. 대부분의 사람들은 죄가 누더기 옷을 입고 나타나면 쉽게 알아볼 수 있겠지만, 죄가 멋진 야회복(夜會服)을 입고 나타나면 그것이 죄인지를 알아보지 못합니다. 많은 사람이 죄가 대도시의 빈민가에 나타나면 그것을 쉽게 알아볼 수 있지만, 부유한 지역에 그 죄가 나타나면 알아보지 못합니다. 그러나 그 모든 것은 같은 죄입니다.

죄는 수많은 증상을 가진 질병에 비유할 수 있습니다. 시편 기자의 목적은 우리에게 바로 그런 증상들을 보여 주는 것입니다. 그는 그 질병의 증세가 어떠하든지 모든 질병이 같은 근원을 가지고 있으며, 하나님이 모든 질병을 치료하고 우리를 건져 주실 수 있다는 것을 보여 줍니다. 모든 경우마다 시편 기자는 이렇게 말합니다.

"이에 그들이 근심 중에 여호와께 부르짖으매"(6절).

그리고 그때마다 계속해서 이렇게 말합니다.

"그들의 고통에서 건지시고"(6절).

죄가 어떤 모양을 지녔느냐 하는 것은 중요하지 않습니다. 우리가 하나님께 부르짖기만 하면 하나님은 우리를 건져 주실 것이기 때문입니다.

시편 기자가 4-9절에서 첫 번째 그림으로 증명하고 묘사하듯이 우리는 길을 잃게 만드는 죄를 봅니다.

죄의 어원적 정의 가운데 하나로 '과녁을 놓치다' 라는 것이 있습니다. 어떤 사람이 목표물에 총을 겨누고 있습니다. 그러나 죄가 총 속에 들어오자 총알이 빗나가 버리고 말았습니다. 과녁을 놓친 것입니다.

이렇듯 첫 번째 묘사는 죄에 대한 가장 생생하고도 극적인 그림을 보여 줍니다. 그것은 세상과 삶 속에서 자신을 잃어버리게 하고, 우리가 가야 할 뿐만 아니라 가기를 원하는 목표를 놓치게 만드는 죄의 모습입니다.

그림1 - 길을 잃다

먼저 첫 번째 그림을 함께 살펴봅시다. 그리고 거기에서 몇 가지 원칙을 끌어내 봅시다. 이것은 성경에서 아주 흔하게 사용되는 죄에 대한 묘사입니다. 여러분은 많은 곳에서 이런 예화를 찾을 수 있을 것입니다.

여기에서 다루는 사람들은 어떤 부류입니까? 다음의 그림을 살펴보십시오.

"그들이 광야 사막 길에서 방황하며 거주할 성읍을 찾지 못하고 주리고 목이 말라 그들의 영혼이 그들 안에서 피곤하였도다. 이에 그들이 근심 중에 여호와께 부르짖으매 그들의 고통에서 건지시고"(4-6절).

이 그림은 광야 사막에 있는 사람들에 대한 것으로, 여기에서 우리는 소위 지적(知的)인 사람들을 볼 수 있습니다. 그들은 거주할 성읍을 찾으려고 애씁니다. 거처할 뿐만 아니라 만족을 얻을 수 있는 성읍을 찾고 있는 것입니다. 그러나 문제는 그들이 그것을 찾을 수 없다는 데 있습니다.

그들은 길이 없는 황무지인 광야에 있습니다. 그들은 이리저리 헤매며 찾고 구하지만 그곳에는 그들을 성읍으로 인도해 줄 길이 없습니다. 어떤 의미에서 그것은 역사가 시작될 때부터 나타난 인류의 모습이라고 할 수 있습니다. 인류는 거주할 성읍을 찾고 있습니다.

진리에 대한 추구

우리는 여기에서 지적인 의미로 묘사된 것에 관심이 있습니다. 이 묘사는 진리를 열정적으로 추구하는 사람들에 대한 것입니다. 즉, 지적인 이해와 만족을 추구하는 사람들에 대한 그림입니다. 그들은 지적인 삶과 세상에서 자신을 발견합니다. 그들은 재능을 받은 자들입니다. 그들에게는 뛰어난 지성이 있으며 그 지성을 활발히 사용합니다.

그들은 질문하기 시작합니다. 그들의 질문은 탁월합니다. 그것이 지성의 자연스러운 모습입니다. 그들이 스스로에게 던지는 위대한 질문들은 다음과 같습니다.

"삶은 무엇인가? 삶은 어디에서 시작되었는가? 세상은 어디에서 나왔는가? 세상은 언제나 존재했는가, 아니면 어느 시점에 갑자기 나타났는가? 우리가 삶이라고 부르는, 정의하기 어려운 이것은 무엇인가?"

여러분은 한 동물을 보고 있습니다. 그 동물은 생명으로 충만해 이리저리 뛰며 활발히 움직입니다. 그러다가 갑자기 그 동물에게서 생명이 떠납니다. 그 동물의 몸은 여전히 그곳에 남아 있지만 생명은 이미 사라지고 없습니다. 꽃도 마찬가지입니다. 사람도 마찬가지입니다. 생명이란 무엇입니까?

이제 깊은 사고를 하는 사람, 명석한 두뇌를 가진 누군가가 이런 의문에 직면합니다. 그들이 지금 우리가 여기에서 살펴보려는 자들입니다. 이런 지적인 사람들은 삶의 의미와 목적을 이해하고자 합니다. 그것이 바로 그들이 찾는 성읍입니다. 지적인 안식의 성, 지적인 만족의 성입니다.

그런 것에 대한 추구는 인간이 이 세상에 존재하게 된 때부터 시작되었습니다. 그들은 삶의 전체 철학을 추구합니다. 특히 인간 자체를 포함한 존재에 대한 완전한 관점을 추구합니다. 더 전문적인 용어로 말하면, 삶의 철학, 삶의 방식, 실제로 만족감을 줄 관점을 추구합니다.

여러분이 단지 인류의 이야기를 읽기만 한다면 지적인 추구가 인류 역사에서 얼마나 중요하고도 두드러진 것인지를 알게 될 것입니다. 사람들의 지적인 활동은 놀랄 만큼 거대합니다. 그들은 삶의 신비를 만납니다. 우리는 고대의 글 속에서도, 그리고 신화 속에서도 그것을 발견할 수 있습니다.

사람들은 현자의 돌[1]이나 크리스탈, 혹은 존재와 우주의 수수께끼를 해결할 수 있게 해 주는 그 무엇인가를 찾습니다. 그들은 진리의 성을 찾고 있습니다. 그들은 지적인 만족을 추구할 뿐만 아니라 삶의 규칙을 찾고 있습니다. 삶이 곧 문제이기 때문입니다.

인간관계가 대표적입니다. 사람들은 이러한 규칙들을 찾고 있습니다. 즉, 문제 속에 빠지거나 압도당하지 않게 해 줄, 화가 나거나 실망과 좌절감에 빠지지 않게 해 줄 규칙이나 지침들을 끊임없이 찾는 것입니다.

그들은 언제나 일종의 처방, 자신이 따를 수 있고 이런 문제들을 즉시 바로잡아 줄 법을 찾고 있습니다. 사람들은 여전히 분주하고 활발히 그것을 추구합니다. 그들이 바로 우리가 지금 살펴보고 있는 사람들입니다.

그러나 그들의 추구는 더 많은 것을 포함합니다. 우리는 삶

---

1. 역자주 – 비금속을 황금으로 변화시키는 힘이 있다고 여겨 연금술사가 찾아 헤매던 돌입니다.

속에서 끊임없이 일어나는 문제와 어려움을 알고 있습니다. 삶에는 수수께끼 같은 문제들이 있습니다. 세상에는 우리의 지적인 추구를 넘어서는 것들이 있습니다. 그리고 끊임없이 만족과 해결을 요구하는 지적인 불안정이 있습니다. 사람들은 존재하는 순간부터 이 문제와 씨름합니다.

"오, 가혹한 운명의 돌팔매와 화살이여!"[2]

오, 운명의 고통스런 일격이여, 그것이 문제로다!

그러나 우리가 이 문제들에 대해 무엇을 할 수 있습니까? 우리는 그 문제들을 어떻게 이해할 수 있습니까? 왜 그런 일들이 우리에게 일어납니까? 왜 상황들이 잘못되어 가는 것입니까? 왜 질병이 있습니까? 왜 전염병이 있습니까? 왜 폭풍이 있습니까? 왜 재난이 있습니까? 왜 전쟁이 있습니까? 그 모든 것이 우리에게 다가오는 질문입니다.

그런 문제들이 우리의 삶을 강타합니다. 그동안 우리는 그 문제들을 이해할 길을 찾아 헤맸습니다. 그 모든 것 속에 목적이 있습니까? 아니면 아무런 목적도 없이 일어나는 것입니까?

삶은 단지 체스(서양 장기)에 불과하고 우리는 그 위에서 보이

---

2. 역자주 – 셰익스피어의 희곡 『햄릿』에서 햄릿이 하는 유명한 대사, '죽느냐, 사느냐 그것이 문제로다'에 이어지는 말입니다.

지 않는 어떤 힘에 의해 무기력하게 조종당하는 체스 말(馬)에 불과합니까? 우리가 삶과 세상에서 겪는 모든 경험을 질서 있는 어떤 이유로 요약하여 설명할 수 있습니까? 이런 모든 질문에 대한 답을 발견할 수 있습니까?

지금 우리는 이 모든 것에 관심이 있는 사람들을 보고 있습니다. 그들에 대해 한 가지를 꼭 말씀드리고 싶습니다. 그들은 안전과 보호를 구한다는 것입니다. 그것은 보편적으로 알려진 사실입니다.

안전과 보호가 오늘날과 같이 더욱 확실하게 요구되는 때도 없을 것입니다. 안전은 중요한 단어입니다. 우리는 모두 협정을 맺습니다. 모든 나라는 평화 조약을 맺습니다. 그러나 삶의 비극은, 우리가 안전을 갈망하기 때문에 오히려 전쟁을 일으킨다는 것입니다.

우리가 얻으려고 애쓰는 것은 안전입니다. 철의 장막 너머에 있는 나라들은 세상을 향해 자신들이 안전만을 원한다고 말합니다. 그들은 자신들이 위협과 공격을 당하고 있다고 느낍니다. 그러나 세상의 다른 절반도 그들과 똑같이 말합니다.

우리는 안전을 원합니다. 그것은 국가와 국가 사이에만 적용되는 것이 아닙니다. 우리는 개인적으로도 안전을 원합니다. 그러나 우리를 위협하는 것들, 즉 질병과 사고, 노화와 죽음이 언제나 우리 뒤에 서 있습니다. 그리고 점점 더 가까이 우리에게 다가오고 있습니다.

사람들은 이 세상에 오랫동안 존재하면서 안전을 부르짖어 왔습니다. 언젠가 반드시 임할 악한 날을 피해 자신이 들어갈 수 있는 안전한 요새, 안전한 탑을 찾습니다. 그들은 모든 위험에서 보호받고 평안하게 기댈 수 있는 장소를 찾습니다. 그것이 그들이 추구하는 것입니다. 시편에 나오는 사람들처럼 그들은 '거주할 성읍'을 찾고 있는 것입니다.

시편 기자는 그것을 매우 극적인 방식으로 제시합니다. 그러나 결국 그가 말하려고 하는 것은 그들이 길을 찾을 수 없다는 사실입니다. 그곳은 광야요, 길이 없는 사막입니다. 그들은 거주할 성읍을 찾지 못합니다. 그러므로 저는 여러분과 함께 이 전체 그림을 생각하고 싶습니다. 여러분은 이 그림을 이해하기 위해 많은 상상력을 동원하지 않아도 됩니다. 많은 사람이 이미 개인적인 경험을 통해 그것을 알고 있기 때문입니다.

과신과 실패

우리는 어린 시절부터 이런 추구를 시작합니다. 처음에 그것은 강한 전율을 느끼게 하는 가장 흥미로운 것이었습니다. 다른 모든 사람은 실패했지만 우리 자신만은 그곳에서 성공할 것이라는 확신을 안고 출발합니다. 모든 세대가 그와 같이 생각합니다! 모든 세대가 스스로를 과신하면서 앞선 세대를 경멸합니다.

"아, 그래! 그들은 몰랐어. 그들은 우리만큼 발전하지 못했어. 그들에게는 우리가 가지고 있는 지식이 없었어. 우리는 그들이 못한 것을 실제로 하게 될 거야."

오늘날의 사람들도 그렇게 생각하지 않습니까? 우리는 자신감과 확신을 가지고 즐겁게 출발합니다. 그리고 이렇게 말합니다. "당연히 우리는 그 성에 도착하게 될 거야!"

이제 우리에게는 추구 자체가 중요하고도 가장 즐길 만한 것이 됩니다. 그러면서 우리는 옛사람들을 비웃습니다. 그리고 "소망을 가지고 길을 떠나 여행하는 것 자체가 목적지에 도착하는 것보다 낫다"라고 말합니다.

우리는 위대한 두뇌를 사용할 뿐, 도착하는 것을 원하지는 않습니다. 단지 위대한 지적 활동을 추구할 뿐입니다. 그 자체가 대단히 흥미로운 것이기 때문입니다!

주변을 맴돌다

우리는 광야로 달려갑니다. 그리고 거주할 성읍에 곧바로 도착하려고 합니다. 여행에는 지적인 호기심이라는 즐거움이 있습니다. 우리는 "모든 입장을 알고 싶다"라고 말합니다. 우리의 지성은 모든 것을 받아들일 만큼 충분한 역량을 지니고 있습니다. 그래서 우리는 많은 것을 시도합니다. 우리는 철학과 종교의 주변을 맴돕니다. 왜 그렇게 합니까? 우리는 진리에 관심이 있습니다.

우리는 사실 이기적이지 않습니다. 개인적이지도 않습니다. 우리는 '구원을 얻는' 것에 대해서도 말하지 않습니다. 혹은 구원과 연관된 것에 대해서도 이야기하지 않습니다. 우리는 단지 우리의 이런 위대한 지적 사고의 범위를 넓히고 싶어할 뿐입니다. 그리고 모든 방향에서 지식과 정보를 얻고 축적하기를 원할 뿐입니다.

그래서 우리는 전율이 넘치는 즐거움 속에서 진리에 대한 경이로운 추구를 하기 시작합니다. 그리고 진리의 큰길을 찾기 위해 광야에 들어갈 때, 우리를 안내하겠다고 나서는 사람들을 만납니다.

그들은 언제라도 기꺼이 우리를 안내하려고 합니다. 그들은, 명석한 두뇌를 지니고 있으며 지적으로 깨어 있는 자들, 과거부터 지금까지 배운 모든 것을 비웃을 수 있는 사람들을 만날 때 뛸 듯이 기뻐합니다.

그들은 우리를 만나기를 기뻐하면서 이렇게 말합니다.

"당신은 단지 나를 따라오기만 하세요. 그리고 내 말을 들으세요. 내 책을 읽고 나의 가르침을 따르세요. 그리하면 당신이 거주할 성읍으로 내가 당신을 데려가겠습니다."

그래서 우리는 그들을 따라갑니다. 그러나 결코 우리가 가고자 하는 성에 도착하지는 못합니다.

또한 우리는, 앞에서 만난 사람이 말한 모든 생각은 완전히 잘못된 것이고 시대에 뒤떨어진 것이라고 말하는 또 다른 사람들을 만납니다. 그들은 자신들이 말하는 것이 진리라고 말합니다. 그것이 최신의 흐름이라고 말합니다. 우리는 그들의 말에서 또 다른 매력을 느낍니다. 그리하여 우리는 같은 열정을 품고 따라갑니다. 그러나 이번에도 우리는 거주할 성읍에 이르지 못합니다.

저는 지금 꾸며 낸 이야기를 말씀드리는 것이 아닙니다. 단지 세상의 수많은 사람들이 지금 이 순간에도 행하고 있는 일을 묘사하고 있을 뿐입니다. 우리는, 철학자들과 교사들과 이단들의 주변을, 그리고 인류의 문제에 대한 해결책이라고 제시된 모든 것의 주변을 맴돕니다. 그러나 이번에도 우리는 그 성에 결코 이르지 못합니다.

얼마 후에 우리는 그토록 신뢰했던 안내자도 자신이 어디에 있는지를 모른다는 것을 알게 됩니다. 그들도 거주할 성읍에 도착하지 못한 것입니다. 가장 먼저 우리는 그들의 삶의 방식과 도덕에 대한 생각을 보면서 그들이 결코 그 성에 도착하지 못한 자들임을 깨닫게 됩니다.

우리는 그들을 매우 놀라운 사람들이라고 생각했습니다. 그러나 그들은 그곳에 이르는 길을 모릅니다. 그들은 거짓 안내자입니다. 그들은 거짓 소망을 우리 안에 불러 일으켰을 뿐입니다.

환멸을 느끼다

그런 이들의 주변을 맴돌던 우리는 마침내 의문을 품기 시작합니다. 그리고 시간이 흘러가고 있음을 깨닫기 시작합니다. 우리가 나이 들어가고 있음에도 불구하고 여전히 처음에 있던 자리에 머물러 있을 뿐임을 느낍니다.

우리는 수많은 책을 읽었고 수많은 강의를 들었습니다. 그리고 수많은 사람의 뒤를 따라가 보기도 하였습니다. 그러나 실제로 우리 자신과 삶, 이해와 죽음, 영원함에 직면하게 될 때, 우리는 자신이 여전히 처음에 있던 곳에 머물러 있음을 알게 됩니다.

우리는 그 이상을 알지 못합니다. 우리는 한 발자국도 앞으로 나아가지 못했습니다. 단지 계속 제자리걸음을 하고 있었을 뿐입니다. 우리는 분명히 여기저기를 돌아다녔습니다. 그리고 우리를 큰길로 인도해 줄 것처럼 보이는 여러 갈래의 길을 지나왔다고 생각했습니다.

그러나 그것은 사실이 아니었습니다! 우리는 다시 길이 없는 사막 한가운데에 돌아와 있을 뿐입니다. 계속해서 주변을 맴돌다가 다시 제자리로 돌아와 있는 것입니다.

그러나 안타깝게 거기에서도 우리의 방황은 끝나지 않습니다. 삶은 계속 흘러갑니다. 더 이상 찬란한 태양이 빛을 발하는 이른 아침이 아닙니다. 정오가 지났습니다. 오후의 한가로운 시간도 지났습니다. 어둑어둑한 저녁의 땅거미가 드리워지기 시작했습니다. 멀리 불길한 안개가 짙어져 오고 있습니다.

그러나 우리는 여전히 길을 찾지 못했습니다. 우리를 성으로 데려다 줄 것이라고 확신을 주는 어떤 길도 보이지 않습니다. 그뿐만이 아닙니다. 우리는 피곤함을 느끼기 시작합니다. 우리는 너무 많은 길을 걸어왔고, 너무 많이 싸워 왔습니다. 그러다가 빠져나갈 길을 찾아야 하는 관목 숲을 만나기도 합니다. 노력이 필요하다는 말을 듣고는 온 힘을 다해 노력했습니다. 그러나 피곤에 지치고 배고픔을 느끼기 시작합니다.

"주리고 목이 말라 그들의 영혼이 그들 안에서 피곤하였도다"(5절).

이제 우리는 중년을 넘겼습니다. 우리는 늙어 가기 시작합니다. 밤이 다가오고 있으며 그림자가 길어지고 있습니다. 우리의 힘은 점점 약해지고 있습니다.

누군가가 와서 말합니다.

"내게 책 한 권이 있습니다. 당신이 이것을 읽는다면……."

그러면 우리는 "미안합니다. 나는 이미 너무 많은 책을 읽었습니다. 그리고 그 책에 대해서도 너무 자주 들었습니다. 나를 귀찮게 하지 마세요"라고 말합니다.

우리에게는 더 이상 다른 책을 읽을 힘도, 논쟁할 힘도 없습니다. '주리고 목마르기' 때문입니다. 우리 영혼이 안에서 녹아내리고 있습니다. 시편 기자는 말합니다.

"그들의 영혼이 그들 안에서 피곤하였도다"(5절).

우리는 삶의 종착점에 가까워질수록 점점 더 지치고 낙심에 빠집니다. 그리고 마침내 절망감에 빠져 버립니다. 오랜 삶을 살았지만 마지막 순간에 우리는 여전히 처음에 있던 자리에 머물러 있습니다. 우리는 이제 더 이상 젊지도 않고, 회복할 능력도 없습니다. 우리는 믿음과 소망을 잃었습니다. 불행을 딛고 일어설 힘도 잃었습니다.

우리는 실패하고 있습니다. 점점 더 아래로 내려가며 풀이 죽어 있습니다. 우리는 굶주리고 목이 마릅니다. 무릎이 흔들리고 비틀거립니다. 끝이 다가오고 밤이 깃들고 있습니다. 우리는 세상에 나왔지만 어디로 가야 할지를 모릅니다.

그런데 "이에 그들이 근심 중에 여호와께 부르짖으매"라는 말씀 뒤에 놀라운 말씀이 이어집니다.

"그들의 고통에서 건지시고"(6절).

저는 이 시점에서 말씀을 맺고 축도를 하고 싶은 심정입니다. 그 말씀이 이 이야기에서 말하는 전부, 곧 복된 소식이기 때문입니다. 그것이 바로 복음입니다!

그러나 이렇게 느끼는 사람이 있을지도 모르겠습니다.

"그래요, 그것은 놀라운 그림입니다. 그러나 그것이 사실입니까? 목사님이 가르치고 있는 것은 실제로 무엇인가요? 무엇을 말씀하고 있는 건가요?"

지금까지 여러분에게 그림으로 묘사하면서 그것을 제시해 드렸습니다. 이제부터는 원칙과 제안으로 여러분에게 그것을 제시해 드리겠습니다.

여기 첫 번째 원칙이 있습니다. 처음부터 끝까지 성경은, 주 예수 그리스도가 아니고는 삶에 어떤 길도, 삶에 대한 어떤 진리도 없다는 것을 가르칩니다. 그러하기에 시편 107편 4-9절에 나오는 묘사를 묵상할 때는 요한복음 14장 6절의 말씀도 함께 마음에 새기기를 바랍니다.

"그들이 광야 사막 길에서 방황하며 거주할 성읍을 찾지 못하고"(시 107:4).

"예수께서 이르시되, 내가 곧 길이요 진리요 생명이니 나로 말미암지 않고는 아버지께로 올 자가 없느니라"(요 14:6).

길이신 그리스도

앞의 말씀이 바로 대답입니다. 저는 그것을 여러분과 함께 풀어 나가기를 원합니다. 그 대답은 직설적인 명제로 제시되어 있습니다. 세상에는 그리스도와 관계없이 존재하는 어떤 길도, 어떤 진리도 없습니다.

그것은 교리적인 주장이 아닙니다. 저는 여러분에게 이 주장을 입증할 수 있습니다. 뿐만 아니라 성경을 믿지 않는 사람들의 입을 통해서도 이를 입증할 수 있습니다.

또한 그것은 인본주의자들의 입을 통해서도 입증됩니다. 인본주의는 오늘날 인기 있는 단어입니다. 그렇지 않습니까? 사람들은 과학적 인본주의야말로 우리를 '거주할 성읍'으로 데려다 줄 수 있다고 말합니다.

인본주의는 해답이 아니다

사람들의 그런 주장을 들을 때마다 저는 항상 제가 찾을 수 있는 가장 높은 권위로 달려갑니다. 오늘날 이 나라에서, 어쩌면 이 세상에서 줄리안 헉슬리(Julian Huxley)보다 더 위대한 과학적 인본주의자도 없을 것입니다. 그런 그가 우리에게 무엇을 말하고 있습니까?

그는 수많은 연구와 조사를 통해 결국 삶에는 어떤 계획과 의미도, 목적과 목표도 없다는 결론에 이르렀다고 말합니다. 모든 것이 우연이라는 것입니다. 즉, 모든 것이 가능성과 우연의 문제라는 것입니다. 그러하기에 여러분은 다음 순간에 무슨 일이 일어날지를 전혀 모릅니다.

헉슬리가 '지점(spots)'이라고 부르는 것이 있습니다. 그것은 무언가가 이따금씩 배출되는 생물학적 지점입니다. 아무도 생물이 어떻게, 무엇 때문에 배출되는지를 모릅니다. 거기에는 아무런 규칙이나 법칙이 없습니다. 단지 일어날 뿐입니다. 헉슬리는 창조의 목적도, 삶의 이유도 없다고 말합니다.

우리는 미래를 예견할 수도, 미래를 예언할 수도 없습니다. 우리는 인류가 발전하고 있는지, 퇴보하고 있는지조차 알 수가 없습니다. 인류가 발전하고 있는 것처럼 보일지도 모릅니다. 그러나 어느 순간 모든 것이 산산조각 나 버립니다. 그 안에는 아무런 규칙도 없습니다. 헉슬리는 그 규칙을 알 수 없었습니다. 그렇다면 그러한 과학적 인본주의가 과연 거주할 성읍에 이르는 길입니까?

잠시 고전적 인본주의로 돌아가 봅시다. 고전적 인본주의는, 그리스의 위대한 이교도 철학자들에게서 시작된 과거 철학자들의 가르침에서 삶의 열쇠와 이해를 찾을 수 있다고 가르칩니다. 물론 그들 가운데 어느 누구도 그리스도인이 아닙니다. 또한 그들의 추종자 대부분도 그리스도인이 아니었습니다.

고전적 인본주의는, 과거로 돌아가 오랜 세월 축적된 지혜와 세상의 위대한 문학을 연구하라고 말합니다. 그렇게 할 때 여러분이 삶과 세상에서 필요한 지혜를 얻게 될 것이라고 말합니다. 그들은 그 옛 지혜를 따르라고 말합니다.

이제 이런 맥락에서 모든 것 위에 존재하는 가장 위대한 권위로 돌아가 봅시다. 그리스도인이 아니면서 그렇게 말하는 사람이 바로 옥스퍼드의 길버트 머리(Gilbert Murray) 교수입니다. 그는 위대한 사람, 위대한 석학, 위대한 고전 학자이자 철학자입니다. 그러나 그가 우리에게 말하는 것이 무엇입니까?

적어도 그는 정직한 사람이었습니다. 최근의 전쟁(2차 세계 대전)으로 자신의 생각이 많이 흔들렸음을 인정했기 때문입니다. 그는 인간을 이해하지 못했습니다. 그는, 그 이유를 알 수는 없지만, 인간이 고전의 지식을 적용하고 있지 않음을 분명히 깨달았습니다.

그러나 그가 우리에게 무엇을 제안했습니까? 그는, 여전히 오랫동안 그 자리에 있었지만 사람들을 만족시키지 못했던 옛것으로 다시 돌아가라고 말할 뿐입니다. 그것이 실패했다는 것을 알면서도 말입니다.

만일 여러분이 이 관점을 옹호하는 인기 있는 해설자를 원한다면, 작고한 웰스(H.G. Wells)보다 더 많은 것을 말해 줄 사람도 없을 것입니다. 여러분은 그가 마지막으로 쓴 책을 기억합니까? 그는 그 책에 '막다른 골목에 이른 지성'이라는 중요한 제목을 달았습니다.

그는 자신이 어디에 있는지를 몰랐습니다. 평생 그토록 많은 강의를 했던 사람이, 스스로 알고 있다고 자신 있게 말했던 사람이 정작 아무것도 모른다고 말하면서 생을 마감했습니다. 그리고 실제로 그는 아무것도 몰랐습니다!

많은 인용문으로 여러분을 지치게 하지는 않을 것입니다. 그러나 여러분이 제 말을 믿지 않는다면, 이 사람들의 글을 읽어볼 것을 권합니다. 그러면 여러분도 저와 똑같은 것을 발견하게 될 것입니다.

제가 읽어 본 글 가운데 인본주의와 삶에 대하여 가장 끔찍하게 그린 것이 버트런드 러셀(Bertrand Russell)의 묘사라고 생각합니다. 러셀은 철저히 삶에 대한 소망이 없는 자였습니다. 그는 현재에 대해서도 소망이 없었을 뿐만 아니라 미래에 대해서는 더욱 소망이 없었습니다. 그는 미래에서 우리를 집어삼키려고 하는 칠흑 같은 어둠만을 보았을 뿐입니다.

그가 유일하게 기뻐한 것은 우리가 세상을 떠날 때 모든 것이 끝난다고 믿는 것, 그것뿐이었습니다. 그러나 죽음은 단지 이 세상에 존재하는 것이 끝날 뿐입니다. 어떤 의미에서 러셀은 이 세상을 떠나는 것이 결국 일어날 일이라는 것에 대해 하나님께 감사하고 있었다고 할 수 있습니다.

그러나 그는 하나님을 믿지 않았습니다. 그래서 하나님께 감사하지도 않았습니다. 그런 사람의 죽음은 전혀 소망이 없는 죽음입니다. 그런 죽음은 최후의 절망일 뿐입니다.

가장 위대한 지도자들과 작가들은 모르기 때문에 좌절하고 당황합니다. 그들은 이해하지 못합니다. 그들에게 장점이 있다면, 그들이 스스로 그렇게 말할 만큼 정직했다는 것뿐입니다.

소망이 없는 삶

그러나 그리스도를 떠나서는 어떤 길도, 어떤 진리도 없기 때문에 그리스도를 떠나서는 생명도 없습니다.

"주리고 목이 말라 그들의 영혼이 그들 안에서 피곤하였도다"(5절).

그러나 그리스도에게로 나오면 여러분은 다음의 말씀을 경험하게 됩니다.

"그가 사모하는 영혼에게 만족을 주시며 주린 영혼에게 좋은 것으로 채워 주심이로다"(9절).

예수님을 떠나서는 어떤 만족도 없습니다. 예수님을 떠나서는 어떤 소망도 없습니다. 제가 단순히 교리적인 선언을 하는 것이 아님을 다시 한번 말씀드립니다. 저는 그것을 증명할 수 있습니다. 증명을 원한다면, 저는 여러분에게 그리스도인이 아닌 위대한 이들의 전기와 자서전을 읽을 것을 권합니다. 최근에 그런 책들이 상당히 많이 나왔습니다. 그러나 저는 그보다 더 소망 없는 책들을 보지 못했습니다.

제 말씀을 오해하지 마시기를 바랍니다. 한때 영국의 대법관이었던 사이먼(Simon)이라는 위대한 사람이 있었습니다. 그는 죽기 얼마 전에 자서전을 집필했습니다. 오직 지식만을 신뢰하고 하나님을 믿지 않았으며 주 예수 그리스도를 모르는 자가 어떻게 소망 없는 삶을 마감했는지를 알고 싶다면 그 책을 읽어 보십시오.

가엾은 사람! 그는 위대한 법조인으로서의 성공과 최고의 날들을 회고하면서 행복을 느끼고 싶어했습니다. 지금 저는 그런 사람들을 비난하려는 것이 아닙니다. 저는 단순히 사실을 말하고 있습니다. 그리고 그들을 안타깝게 여기고 있습니다. 그들은 자신이 어디로 가야 할지를 모릅니다. 그래서 결국 어둠과 절망 속으로 들어갑니다.

여러분은 찰스 다윈(Charles Darwin)의 삶이 어떻게 끝났는지를 알고 있습니까? 그는 하나님과 그분에 대한 믿음에 등을 돌렸습니다. 그리고 순수 과학 연구에 삶을 바쳤습니다. 순수 과학에서 모든 어려움에 대한 해결책을 찾을 수 있다고 믿었기 때문입니다.

그러나 가엾은 다윈! 여기에 그의 공식 전기문이 있습니다. 생애 마지막에 그는 자신이 시와 음악, 심지어 아름다운 풍경을 느끼고 음미하는 능력조차 잃어버렸음을 깨달았습니다.

오, 얼마나 편협한 영혼의 한계이며 삶의 족쇄이고 능력의 쇠퇴란 말입니까! 시와 음악, 자연과 피조물의 영광을 누렸던 사람이 그것을 누리고 감상하는 능력을 잃어버렸다니 말입니다! 이제 그의 영혼은 시들고 오그라들어 결국 아무것도 남지 않게 되었습니다.

그것을 제가 즐겨 인용하는 몇 마디 말로 요약해 볼까요? 그 말은 그리스도가 없는, 또한 소망이 없는 삶을 완벽하게 표현하고 있습니다. 그것은 월터 세비지 랜더(Walter Savage Landor)의 말입니다.

"나는 어떤 것도 얻기 위해 싸우지 않았다. 어떤 것도 내가 얻기 위해 싸워야 할 만큼 가치 있는 것이 없었기 때문이다."

그의 말에서 빈정대고 있는 사람의 모습을 봅니까?

"나는 자연을 사랑했다. 그리고 자연 다음으로 예술을 사랑했다."

여러분은 이 말 속에서 지적인 사람의 모습을 봅니까? 그는 자연을 사랑하고, 그림과 조각, 음악, 문학, 그 외의 모든 예술 작품을 사랑합니다. 그리고 예술 작품을 감상하면서 그 경이로움에 빠져 들기도 했습니다. 그는 온전하게 지적인 삶을 살았던 사람입니다.

"나는 인생의 불 앞에서 두 손을 따뜻하게 녹였다."

오, 이런 인생은 얼마나 즐길 만하고 따뜻하며 풍성한지요!

"그 불길이 점점 약해진다."

그런데 불길을 보고 있는 동안 그 불길이 점점 사그라지더니 결국 연료도 떨어지고 맙니다. 입김을 불어 꺼져 가는 불길을 살리려고 했지만 불길은 점점 약해지다가 결국 사그라져 버립니다. 그러면 이제 무엇이 남아 있습니까?

"……그리고 나는 떠날 준비를 갖추었다."

아무것도 남은 것이 없습니다. 불은 점점 사그라지며 나를 떠나가고 있습니다. 나는 홀로 남았고 꺼져 가는 불길을 살릴 재주가 없습니다. 나는 그 불길이 다시 돌아오기를 바랄 수도 없습니다. 나도 떠나고 그것으로 모든 것이 끝납니다.

그리스도가 없는 인생은 철저하게 소망 없는 삶입니다. 방법도, 길도, 생명도, 진리도 없습니다. 그런 인생은 광야이며 아무도 없는 길입니다. 그런 인생은 우리를 무능력하고 소망도 없이 길을 잃은 자로 남겨 놓습니다. 주리고 목마름으로 우리 영혼이 속에서 피곤해합니다.

그러나 사랑하는 여러분, 우리는 랜더와 같은 인생의 길을 걸을 필요가 없습니다.

"이에 그들이 근심 중에 여호와께 부르짖으매 그들의 고통에서 건지시고, 또 바른 길로 인도하사 거주할 성읍에 이르게 하셨도다"(6,7절).

바로 그것입니다!

"그가 사모하는 영혼에게 만족을 주시며 주린 영혼에게 좋은 것으로 채워 주심이로다"(9절).

그리스도가 '길이요, 진리요, 생명' 입니다.

여러분은 말할 것입니다.

"아, 하지만 우리는 더 이상 그 말을 믿지 않아요. 그것은 신화 속에서나 나오는 이야기일 뿐이에요.”

그러나 누군가가 여전히 그렇게 말하고 있다는 것이 놀랍지 않습니까? 신문은 그보다 더 되풀이할 만한 소식이 없다는 듯이 연일 지면을 장식하고 있습니다. 오늘 밤 런던의 어느 선술집의 어떤 어리석은 자도 그 말을 하고 있습니다. 그는 늘 이렇게 말합니다. 하나님은 존재하지 않으며 그리스도의 이야기는 단지 신화에 불과합니다.

77세에 회심한 한 가엾은 노인을 기억합니다. 회심한 순간부터 그에게 있어서 인생의 가장 큰 문제는, 30년 전 어느 술판의 논쟁 자리에서 자신이, “예수 그리스도는 사생아다”라고 말했던 일이었습니다. 그의 말이 세인의 관심을 모을 만큼 놀랍거나 새로운 것은 아니었습니다. 그는 단지 사람들이 늘 이야기하는 것을 말했을 뿐이었습니다.

저는 사실 이런 세상의 생각을 전혀 이해할 수 없습니다. 구약에 “어리석은 자는 그의 마음에 이르기를 하나님이 없다 하는도다”(시 14:1; 53:1)라는 말씀이 있습니다.

어리석은 자들의 주장은 단지 증거가 없는 독단적인 선언일 뿐입니다. 그들은 어떤 식으로도 증명할 수 없는 말을 되풀이할 뿐입니다. 그것은 우주의 질서와 운행, 그리고 인간의 역사를 전혀 고려하지 않는 주장입니다. 또한 예수 그리스도에 대한 사실을 전혀 염두에 두지 않는 주장입니다.

제가 그들을 전혀 이해하지 못하는 이유는, 그들이 자신이 말하는 것을 진정으로 믿는다면, 왜 1955년이라는 연도를 사용하느냐 하는 것입니다. 왜 그들이 그 연도를 채택합니까? 과학을 신봉한다면 여러분은 그 연도를 따르지 말아야 합니다.

그리스도가 이 세상에 살았다는 것을 믿지 않는다면, 왜 여러분은 1955년이라는 연도를 택하고 있습니까? 그것은 모순입니다. 그렇다면 여러분은 신화 속에 살고 있다고 말하는 것입니다. 그리스도를 믿지 않으면서 자녀에게 오늘이 1955년 1월 16일이라고 말하는 것은 잘못된 일입니다.

오, 그것은 실로 안타깝고도 비극적인 일입니다! 그러나 제가 그보다 더 여러분을 놀라게 할 만한 말씀을 드릴까요? 사실 기독교에 해를 가하는 자들은 그런 불신자가 아닙니다. 그런 자들에게서 선한 것을 기대하지 않기 때문입니다. 불신자들은 계속해서 "하나님이 없다"(시 14:1 참고)라고 말합니다.

"이 세상이 자기 지혜로 하나님을 알지 못하므로"(고전 1:21).

성경은 이미 우리에게 그것을 알려 주었습니다. 성경은 거듭나지 못한 '자연인'이 하나님을 알 수 없다고 말합니다. 그러므로 우리는 자연인이 하나님 알기를 기대하지 말아야 합니다. 또한 그들이 하나님을 모른다고 해서 놀라지도 말아야 합니다. 불신자들은 어떤 해도 가하지 못합니다.

저는 불신자들이 주 예수 그리스도 안에서 영화롭게 될 것이라고 기대하지 않습니다. 그들은 결코 그리스도를 본 적이 없습니다. 그분을 알지도 못합니다.

"이 세상의 신이 믿지 아니하는 자들의 마음을 혼미하게 하여"(고후 4:4).

그런 사실 때문에 제 마음이 상심하지는 않습니다. 진정한 해는 스스로를 그리스도인이라고 부르는 자들, 교회의 성도, 때로는 목회자들이 가하는 것입니다. 그들은 스스로를 그리스도인이라고 말하지만, 이적과 동정녀 탄생, 초자연적인 사건들을 부인합니다. 그러하기에 그런 자들이야말로 기독교에 해를 끼치는 자들입니다.

바른 길이신 그리스도

그리스도가 답이요 길입니다. 그리스도가 그들을 곧고도 바른 길로 인도하십니다. 하나님께 감사를 올려 드립니다. 그 길은 바로 통하는 길이며 단순한 길입니다.

그리스도가 열어 놓으신 진리에 이르는 길은, '우매한 행인은 범치 못하는'[3] 길입니다. 바울이 말했듯이 그 길에는 능한 자가 많지 아니하며 문벌 좋은 자가 많지 않습니다.[4] 하나님께 감사를 올려 드립니다!

여기에 저를 진리의 성으로 인도하는 길이 있습니다. 그 길을 가기 위해 철학자가 될 필요가 없습니다. 대학을 졸업할 필요도 없습니다. 만일 그런 것이 필요하다면, 대학 교육을 받지 못한 사람은 구원을 얻지 못할 것입니다.

그러나 여기에 어느 누구라도 통과해서 갈 수 있는 길이 있습니다. 어떻게 그것이 가능합니까? 그 길은 그리스도 한 분을 따라가는 길이기 때문입니다. 그 길은 단순하고도 바로 통하는 길입니다.

그 길은 '어리석은 자들'과 무식한 자들을 위한 길입니다. 그 길은 실패한 자들을 위한 길입니다. 술과 악행으로 머리가 둔해진 자들을 위한 길입니다. 그 길은 하나님이 우리의 내면과 밖에서 예비하신 길입니다. 그 길은 직접적인 길입니다. 곧고도 단순한 하나님의 길입니다.

"내가 곧 길이요 진리요 생명이니"(요 14:6).

복음은 영광스럽고도 단순하고 직접적입니다. 또한 우리가

---

3. 사 35:8 거기에 대로가 있어 그 길을 거룩한 길이라 일컫는 바 되리니 깨끗하지 못한 자는 지나가지 못하겠고 오직 구속함을 입은 자들을 위하여 있게 될 것이라. 우매한 행인은 그 길로 다니지 못할 것이며.

4. 고전 1:26 형제들아, 너희를 부르심을 보라. 육체를 따라 지혜로운 자가 많지 아니하며 능한 자가 많지 아니하며 문벌 좋은 자가 많지 아니하도다.

생각해야 할 문제는 오직 한 가지뿐이라고 말합니다. 여러분은 철학에 대한 위대한 책을 모두 읽을 필요가 없습니다. 오직 한 가지 문제만이 있기 때문입니다. 그것은 바로 인간과 하나님의 관계입니다. 복음은 중심으로 곧장 들어가서 하나님과의 관계가 모든 사람 안에 있는 단 한 가지 문제라고 말합니다.

지적인 사람인지 그렇지 않은지는 문제가 되지 않습니다. 모두에게 하나님과의 관계는 같은 문제일 뿐입니다. 여러분은 하나님과 올바른 관계에 있지 않습니다. 사실 여러분의 삶은 하나님의 복이 임하기 전까지는 바르게 될 수 없습니다. 그러하기에 오직 우리에게 필요한 것은 하나님을 알고 그분에게 이르는 것입니다.

가장 위대한 철학자인 어거스틴은, "하나님 당신을 위해 우리 인간을 지으셨습니다"라고 말했습니다(그는 나중에 히포의 감독이 됩니다). 처음에 어거스틴은 철학을 통해 진리에 이르려고 했습니다. 그러나 그렇게 철학자로 있는 동안 그는 부도덕했고 여인과 동거를 하고 있었습니다. 비록 자신은 몰랐지만 그는 광야 속에 있었던 것입니다. 그러나 마침내 그는 자신의 상황을 알게 되었습니다.

"하나님 당신을 위해 우리 인간을 지으셨습니다. 우리 영혼은 당신 안에서 안식을 찾을 때까지 결코 안식을 누릴 수 없습니다."

그는 마침내 예수 그리스도 안에서 안식을 찾았습니다.

예수 그리스도, 하나님의 아들은 인간이 하나님에게로 나오는 길을 만들기 위해 세상에 오셨습니다. 예수님은 광야 속으로 들어오셨습니다. 그리고 광야에 길을 만드셨습니다.

여러분은 예수님이 어떻게 길을 만드셨는지를 알고 있습니까? 이것이 예수님이 길을 만드신 방법입니다. 예수님은 자신의 몸을 내어 놓으셨습니다. 우리는 그분을 밟고 올라갔습니다. 예수님은 자신의 생명을, 자신의 몸을 내어 주셨습니다.

예수님의 몸은 찢어졌고 피가 흘렀습니다. 떡과 포도주는 그것을 우리에게 상기시켜 줍니다. 우리는 그분의 찢긴 몸과 흘린 피를 밟고 걸어가는 것입니다. 그것은 영광스러운 대로(大路)입니다. 그 길은 우리를 하나님에게로 인도합니다.

모든 어려움과 무기력, 실패 속에서 우리는 하나님에게로 돌아와서 하나님과 예수님 안에 있는 진리를 봅니다. 우리는 자신이 하나님에게로 인도받았음을 깨닫습니다. 그리고 하나님이 우리를 붙잡으시고 새로운 생명과 새로운 성품, 우리가 필요로 하는 모든 것을 공급해 주신다는 것을 깨닫습니다. 그것이 바른 길이며, 또한 곧은 길입니다.

만족케 하는 길이신 그리스도

그리스도는 만족케 하는 길입니다.

"그가 사모하는 영혼에게 만족을 주시며 주린 영혼에게 좋은 것으로 채워 주심이로다"(9절).

하나님은 우리에게 완벽한 만족을 주십니다. 하나님은 우리에게 지적인 만족도 주십니다. 저는 성경이 해답을 주지 않는 문제를 한 번도 본 적이 없습니다.

여러분이 삶의 어떤 부분에 대해 질문을 해도 저는 설명해 드릴 수가 있습니다. 새로운 삶의 관점, 새로운 견해, 인간의 기원과 시작에 대한 새로운 설명, 세상에 대한 설명, 시간의 이해 등 무엇이든지 좋습니다. 인간성, 죄, 실패 등 모든 것을 설명해 드릴 수 있습니다.

도덕적으로도 하나님은 제게 만족을 줍니다. 용서받은 나의 죄, 힘과 인도하심과 능력, 내 안에 계신 성령의 역사하심, 죄에 대한 새로운 관점, 거룩함을 추구하는 내면의 새로운 갈망 등 무엇이든지 설명해 드릴 수 있습니다. 어떤 환경, 어떤 상황에 처해 있든지 성경은 제가 모든 것을 이해하고 설명하도록 돕습니다.

"우리가 알거니와 하나님을 사랑하는 자 곧 그의 뜻대로 부르심을 입은 자들에게는 모든 것이 합력하여 선을 이루느니라"

(롬 8:28).

저는 모든 것을 설명할 수 있습니다! 저는 질병도 새로운 관점으로 이해합니다. 저는 실망도 새로운 관점으로 이해합니다. 죽음도 새로운 방식으로 이해합니다. 모든 것이 새로워집니다. "이전 것은 지나갔으니, 보라. 새것이 되었도다"(고후 5:17).

"언제나 내 구주는 나를 인도하시네.

내가 무엇을 더 구하리요?

그분의 인자하신 자비를 의심할 수 있을까?

누가 나의 평생의 안내자가 되셨는가?

하늘의 평안, 하나님의 위로가

예수님을 향한 믿음 안에 있네!

어떤 일이 다가오든지

예수님이 모든 것을 선하게 하실 것을 알기 때문이네."[5]

프란시스 제인 반 알스타인(Frances Jane Van Alstyne)

사랑하는 여러분, 지금 어디에 있습니까? 여러분은 단지 제

---

5. 역자주 – 우리나라에서는 '나의 갈 길 다 가도록'(찬 384장)이라는 찬송가로 불려지고 있습니다.

말을 듣는 자에 불과합니까? 단지 구경하는 사람에 불과합니까? 아니면 제가 말씀드리고 있는 것을 깨닫습니까?

여러분은 지금 어디에 있습니까? 여전히 광야 가운데 있습니까? 이리저리 방황하고 구하며 시도하고, 소망하며 갈망하고 있습니까? 인생의 그림자가 길어지기 시작합니까? 절망 속에서 소망을 잃어버렸습니까? 그렇다면 여러분에게 선포합니다. 근심 중에 여호와께 부르짖으십시오. 그렇게 할 때 하나님은 분명히 그 고통에서 여러분을 건지실 것입니다.

이 말씀을 드릴 수 있어서 얼마나 행복한지 모릅니다. 청년들도 이 말씀을 들으십시오. 시간을 낭비하지 마십시오. 이 말씀을 듣지 않는다면, 여러분은 삶을 시작한 그 자리에서 마치게 될 것입니다. 지금 당장 하나님께로 돌이키십시오. 절망이 노년의 사람들에게만 찾아오는 것은 아닙니다. 젊은이도 이미 절망을 경험했을 것입니다. 젊은 사람들도 마음이 상할 수 있습니다. 그러므로 지금 하나님께로 돌아오십시오.

그러나 이 말씀은 젊은 사람들만을 위한 것은 아닙니다. 무덤 속에 한 발을 들여놓고 있는 분이 있습니까? 그것도 문제가 되지 않습니다. 자신이 길을 잃었음을 깨달았다면, 지금 그 고난 속에서 하나님께 부르짖으십시오.

그리하면 여러분이 비록 가치 있고 소중한 세월을 낭비했더라도, 하나님을 부인하고 조롱했더라도, 인간이 생각할 수 있는 모든 죄를 지었고 세상의 진창으로 흙투성이가 되고 악취가 난다고 하더라도 하나님은 결코 여러분을 거부하지 않으실 것입니다.

부르짖으십시오. 그리하면 하나님은 여러분에게 귀를 기울이실 것입니다. 하나님은 지금 당장 여러분을 받아 주실 것입니다. 또한 자기의 아들을 여러분과 여러분의 죄를 위해 죽도록 세상에 보냈다고 말씀하실 것입니다. 그리고 하나님이 그 아들 안에서 여러분을 용서하고 자기에게로 이끌어 갈 것이라고 말씀하실 것입니다. 하나님은 여러분을 자녀로 삼아 자신의 영광스러운 임재 속으로 인도해 가실 것입니다.

지금 하나님께로 돌이키십시오. 지금 이 순간에 말입니다.

3장 *The prison*
감옥

사람이 흑암과 사망의 그늘에 앉으며 곤고와 쇠사슬에 매임은 하
나님의 말씀을 거역하며 지존자의 뜻을 멸시함이라. 그러므로 그
가 고통을 주어 그들의 마음을 겸손하게 하셨으니 그들이 엎드러
져도 돕는 자가 없었도다. 이에 그들이 그 환난 중에 여호와께 부
르짖으매 그들의 고통에서 구원하시되 흑암과 사망의 그늘에서
인도하여 내시고 그들의 얽어맨 줄을 끊으셨도다. 여호와의 인자
하심과 인생에게 행하신 기적으로 말미암아 그를 찬송할지로다.
그가 놋문을 깨뜨리시며 쇠빗장을 꺾으셨음이로다. 시 107:10−16

여러분에게 상기시켜 드리고 싶습니다. 시편 기자는 죄가 다양한 모습을 지니고 있으며 비록 그 모습은 달라도 죄는 여전히 죄라고 말합니다.

인류의 모든 문제와 질병에는 공통의 근원이 있습니다. 사실 인류에게 있어서 진정한 문제는 그들이 그 문제를 깨닫지 못한다는 것입니다. 인류는 이 공통의 근원을 추적하려고 하지 않기 때문에, 다른 사람들은 자신과는 다른 문제를 가지고 있으며 필요한 것도 다르다고 생각하는 경향이 있습니다.

그러나 성경은 우리 모두가 공통된 근원 아래 있다고 말합니다. 우리가 모두 하나님을 대적하여 죄를 지었기 때문입니다. 그것이 시편 기자의 주장입니다. 그는 그 사실을 다음의 예들을 통해 보여 줍니다. 시편 기자는 이렇게 말하는 듯합니다. "여기에 네 가지 다른 증상이 있다. 그러나 그것은 본질적으로 오직 한 가지 질병이다."

우리는 이 시편의 첫 번째 그림을 보았습니다. 많은 사람이 거주할 성읍을 찾지 못하고 광야 사막 길에서 방황하는 것에 대한 묘사였습니다. 그들은 거주할 성읍을 찾을 수 없었습니다. 그들은 주리고 목마름으로 그 영혼이 속에서부터 피곤하였습니다. 그리고 어찌해야 할지를 몰랐습니다.

그러나 그들이 근심 중에 여호와께 부르짖자 하나님은 그 고통에서 그들을 건져 주셨습니다. 그리고 그들을 거주할 성읍에 이르게 하셨습니다. 하나님은 주린 영혼을 먹이시고 그들의 필요를 좋은 것으로 채워 주셨습니다.

그 그림은 표적을 벗어난 죄를 보여 주는 그림입니다. 죄는 우리 눈을 멀게 하고 길을 잃고 방황하게 만듭니다. 그것은 놀라운 그림입니다.

이제 우리는 전혀 다른 또 하나의 그림을 볼 것입니다. 그러나 여러분은 그 그림들이 겉으로는 매우 다른 것 같지만 같은 원리를 담고 있음을 깨닫게 될 것입니다. 모든 문제는 같은 근원에서 나옵니다. 그것이 핵심 원리입니다.

그림2 - 갇힌 자들

우리는 여전히 죄를 보고 있습니다. 그러나 이번에 볼 죄는 우리로 하여금 길을 잃고 방황하게 하는 죄가 아닙니다. 목표 지점을 잃게 만드는 죄도 아닙니다. 우리는 여기에서 종으로 만드는 죄를 봅니다. 그 죄는 우리를 종의 신분과 끔찍한 속박으로 이끕니다.

이 시점에서 매우 중요한 것이 있습니다. 이 그림들 하나 하나마다 우리는 죄의 교묘함과 미묘함을 발견하게 될 것입니다.

우리의 커다란 원수이자 적인 악한 영을 특징짓는 한 가지가 있다면 그것이 바로 교묘함입니다. 성경은 사탄이 그 간계로 하와를 미혹했다고 말합니다.[1] 그리고 그 후로도 계속해서 간계를 부리고 있습니다.

그것의 완벽한 예시가 여기에 있습니다. 사람들은 흔히 종교가 우리를 속박하고 종으로 삼는다고 생각합니다. 그래서 종교를 버리고 '세상적인 사람'이나 인본주의자가 되는 것이 스스로를 자유롭게 하는 것이라고 생각합니다. 우리는 사람들이 그렇게 말하는 것을 얼마나 자주 듣습니까? 그들은 말합니다.

"아, 그래요. 물론 어렸을 때 나는 주일 학교에 가고 예배를 드려야 했어요. 그리고 집에 있는 한, 아버지와 어머니의 권위와 영향 아래 있는 한, 나는 그 일을 해야 했지요. 하지만 집을 떠나자마자 나는 곧 그런 모든 구속에서 벗어날 수 있었어요. 나는 그것들을 모두 벗어 버렸어요!"

그들은 스스로를 억압에서 해방시켰습니다. 그들은 날개를 활짝 펴고 자유롭게 되었습니다. 그리고 진정 자유로운 삶을 살 수 있게 되었습니다. 그들에게 종교는 일종의 악몽과도 같

---

1. 고후 11:3 뱀이 그 간계로 하와를 미혹한 것같이 너희 마음이 그리스도를 향하는 진실함과 깨끗함에서 떠나 부패할까 두려워하노라.

앉습니다. 그들을 에워싸고 아래로 잡아끄는 것이었습니다. 종교를 버리고 난 후 그들은 커다란 자유와 해방감을 만끽할 수 있었습니다.

그러나 그것은 사탄의 작품입니다. 사탄은 우리가 하나님에게서 등을 돌리고 사탄의 말을 들으면, 특별히 자유의 관점에서, 자신의 운명과 조건을 개선시킬 수 있다고 꼬드깁니다. 물론 사탄의 말은 처음에는 그럴듯해 보입니다.

사탄이 하와에게 했던 주장과 하와를 통해 아담에게 했던 주장은, 하나님이 두 사람에게 제한을 두고 계시다는 것이었습니다. 즉, 하나님이 그들에게 공평하지 못하며 그들에게 무엇인가를 금하고 계시다고 말합니다. 그리고 그들이 그것을 깨뜨리면 스스로 하나님과 같아질 수 있다고 말합니다. 그런데 무엇 때문에 그것을 하지 못하느냐고 유혹합니다.

만일 진정 자신의 삶을 살고 표현하고자 한다면 그들이 할 일은 오직 한 가지뿐이라고 사탄은 말합니다. 그것은 하나님을 부인하고 진정으로 그들이 살아야 할 모습으로 사는 것입니다. 그것이 바로 최초의 유혹이었습니다. 그리고 그 유혹은 지금까지도 계속해서 모든 인간에게 내려오고 있습니다.

사탄은 오늘날에도 똑같은 방법으로 사람들을 유혹합니다. 사탄은 사람들에게 자유와 해방, 더 크고 더 먼 곳을 볼 수 있는 시야, 더 위대하고도 놀라운 삶을 주겠다고 말합니다. 좁고 구속하는 제한적인 종교적 삶과는 완전히 다른 삶을 말입니다! 그러나 그것은 사탄이 우리를 지배하고 자기의 통치 아래 두어서 종으로 삼으려는 전략일 뿐입니다. 그것이 시편 107편의 두 번째 단락인 10-16절에서 보여 주는 그림입니다.

여기에서 우리는 많은 사람이 감옥에 앉아 있는 것을 봅니다.

"사람이 흑암과 사망의 그늘에 앉으며 곤고와 쇠사슬에 매임은"(10절).

이 시편을 기록한 사람은 대단히 뛰어난 화가입니다. 또한 그는 매우 뛰어난 시인이며 언어의 예술가입니다. 그의 주제는 각각의 상황에 처한 사람들이 전혀 다르게 보이는 것 같지만 실제로는 모두 하나이며 같은 조건에 처해 있다는 것입니다.

이제 그가 그것을 어떻게 표현하는지를 보십시오. 그는 첫 번째 그림과는 모든 면에서 대조적인 것처럼 보이는 두 번째 그림을 제시합니다. 첫 번째 그림은 광야에서 헤매는 사람들의 모습이었습니다. 그들의 문제는 장소가 너무 황량하여 성읍으로 인도할 길을 찾을 수 없다는 것이었습니다.

그러나 두 번째 그림에는 좁은 감옥에 갇혀 있는 사람들이 나옵니다. 그곳은 좁고 제한된 공간입니다. 그들의 두 발은 차꼬에 단단히 매여 있으며, 그들은 쇠사슬에 매여 있어서 전혀 움직일 수가 없습니다.

광야에서의 문제가 지나치게 넓은 공간이었다면, 이곳에서의 문제는 충분하지 않은 공간입니다. 앞에서의 문제가 길을 잃고 방황하다가 지쳐 버린 것이라면, 여기서의 문제는 걸을 수도 없고 심지어 움직일 수도 없다는 것입니다.

두 그림의 모습이 완전히 대조적인 것처럼 보입니다. 어떤 사람은 그런 대조적인 모습을 보면서 두 그림에 표현된 사람들 사이에 전혀 공통점이 없다고 말할지도 모릅니다.

그러나 계속해서 시편 기자의 묘사를 따라가 봅시다. 그가 삶에 대한 완벽한 그림을 보여 줄 것입니다. 저는 이 단락을 통해서도 시편이 분명 하나님의 말씀이라는 것을 깨닫지 못하는 지적인 사람을 이해할 수가 없습니다.

여러분은 이 시편이 우리를 얼마나 잘 알고 있는 것인지를 깨닫지 못합니까? 여러분은 이 시편이 삶을 얼마나 잘 보여 주고 있는지를 깨닫지 못합니까? 이 시편의 심리학적 지식이 얼마나 정확한지를 깨닫지 못합니까?

이 시편은 단지 주장을 선포하는 책이 아닙니다. 이 시편은 우리에게 이토록 자세한 묘사를 보여 줍니다. 이 시편을 읽을 때 여러분은 시편 기자가 참으로 우리 자신을 잘 묘사하고 있음을 깨닫게 됩니다. 시편 기자는 오늘날 사람들의 삶의 모습을 그대로 묘사하고 있습니다.

우리는 심리학을 논하고 심리학 책을 읽는 것을 재미있어 합니다. 그리고 말합니다.

"최근 몇백 년 동안 우리는 인간의 본성, 인간 행동의 비밀과 근원에 대해 매우 위대하고 심오한 지식을 얻었다. 그러한 지식은 오직 정신 세계에 대한 분석에서 나온 것이다."

그런 무식한 소리가 어디 있습니까! 이런 표현을 사용한 것을 양해해 주십시오. 인간에 대한 모든 연구와 통찰이 이 시편에 담겨 있습니다. 시편 기자는 인간에 대한 모든 것을 알고 있었습니다.

여러분에게 도전합니다. 인간 본성과 행동의 근원에 대해 성경에서 발견할 수 있는 것보다 더 심오하게 분석한 것이 있다면, 저에게 그 예를 한 가지라도 들어 주십시오. 어떤 것과도 비교할 수 없는 깊이와 심오함이 바로 이 시편 속에 있습니다.

시편 기자는 사람들이 흑암 속에 앉아 있다고 말합니다. 그들은 지하 감옥 안에 있습니다. 그것은 단순한 흑암이 아니라 '사망의 그늘'입니다. 그 흑암은 매우 깊고도 짙은 어둠입니다.

여러분은 구치소 개혁법이 나오기 전의 감옥의 상황을 알고 있을 것입니다. 그때 감옥들은 대체로 지하에 있었습니다. 그곳은 어둡고 축축하며 습기 찬 곳이었습니다. 그곳이 지금 시편 기자가 묘사하는 곳입니다. 여러분은 시편 기자가 지하 감옥의 어둠과 암울함을 생생하게 묘사하는 것을 볼 수 있습니다. 깊이를 알 수 없는 어둡고 낮은 곳!

여러분은 옛 성들을 방문할 기회가 있었을 것입니다. 그리고 죄수들을 가두었던 지하 감옥을 보았을 것입니다. 그것을 통해 시편 기자가 이런 묘사를 할 때 어떤 것을 염두에 두고 있었는지를 떠올려 볼 수 있을 것입니다.

그러나 시편 기자는 거기에서 멈추지 않습니다. 그는 이 사람들이 지하 감옥에 갇혀 있을 뿐만 아니라 '곤고와 쇠사슬에 매여 있다'고 말합니다. 그것은 그들이 끔찍한 고통 속에 처해 있음을 의미합니다.

그들은 쇠사슬에 매여 있고, 그들의 두 발은 차꼬에 매여 있습니다. 차꼬는 벽에 단단히 고정되어 있는 쇠사슬과 연결되어 있습니다. 그리고 추측컨대, 그들은 두 손에도 쇠고랑을 차고 있으며 그 쇠고랑도 벽에 붙어 있을지 모릅니다. 이런 감옥의 잔혹함은 가장 혹독하고도 끔찍한 것입니다.

그것이 시편 기자가 그들을 묘사하는 모습입니다. 그들은 그와 같은 끔찍하고도 두려운 곤경과 조건 속에 있는 비참하고도 불행한 자들입니다. 그러나 시편 기자는 이 모든 것이 단지 비참한 감옥 생활의 일부분일 뿐이라고 말합니다. 나중에 시편 기자는 놋문과 쇠빗장에 대해서도 말합니다. 그것은 혹독한 감옥 생활에 대한 그림입니다.

감옥에 다가서자 감옥을 둘러싼 엄청나게 큰 벽들이 우리를 가로막습니다. 그리고 문으로 다가가자 또다시 엄청나게 큰 놋문이 가로막습니다. 감옥 안으로 들어가자 작은 문들을 덮고 있는 쇠빗장이 나타납니다. 일정한 양의 공기와 빛만을 통과시키는 작은 틈들이 여기저기에 있습니다. 그러나 그곳에는 쇠빗장이 있습니다. 아무도 쇠빗장을 열고 빠져나올 수가 없습니다.

설사 어떤 사람이 기적적으로 감옥에서 빠져나온다고 해도 곧 또 다른 장애물을 만나게 될 것입니다. 그것은 쇠빗장일 수도 있고 놋문일 수도 있습니다. 그것이 감옥의 그림입니다. 그리고 이 사람들은 모두 그런 감옥에 갇힌 자들입니다. 이 그림은 다른 말로 하면 완벽한 무기력과 무능력의 그림입니다. 여러분은 완벽한 종의 조건에 대해 이보다 더 정확한 묘사를 상상할 수 없을 것입니다.

그러나 시편 기자는 이렇게 철저히 소망을 잃어버린 자들이 "그 환난 중에 여호와께 부르짖으매 그들의 고통에서 구원하시되"(13절)라고 말합니다. 시편 기자가 이 그림을 통해 우리에게 말하고 싶은 것이 무엇입니까? 이렇게 생각해 봅시다.

그들을 그런 상태로 만든 것은 무엇입니까? 왜 인간이 그런 상태에 처해야 합니까? 시편 기자는 이미 그 대답을 주었습니다. 그는 그들이 그런 상태에 처한 것은 전적으로 그들의 잘못이라고 말합니다. 그들이 지금의 모습이 된 것은 모두 그들의 의도적인 행동의 결과라는 것입니다.

그들은 그런 상태에 대해 아무것도 할 수가 없습니다. 그런데도 시편 기자는 거기에서 멈추지 않고 하나님께 감사를 올려드립니다.

그는 완전히 소망 없는 그림으로 시작합니다. 그러나 결국 영원한 소망의 문을 엽니다. 그의 메시지는 그들이 처한 상황에도 불구하고, 또 그들이 지금의 모습으로 지금 있는 곳에 있음이 마땅함에도 불구하고 그들이 여호와께 부르짖을 때 하나님이 그 부르짖음을 들으시고 모든 절망과 고통에서 구원하고 자유를 주신다는 것입니다.

죄는 무엇인가?

이 그림이 말하는 메시지가 무엇입니까? 그것은 바로 죄와 죄의 결과에 대한 메시지입니다. 하나님의 은혜로만 얻을 수 있는 구원의 유일한 길이자 유일한 소망에 대한 메시지입니다. 그것을 여러 원칙을 통해 여러분에게 제시하겠습니다.

여기 그 첫 번째가 있습니다. 죄가 무엇입니까? "당신은 계속해서 죄에 대해 말하는군요"라고 누군가가 말합니다. 그러나 죄가 정확하게 무엇입니까?

하나님에 대한 거역

10, 11절에서 시편 기자는 "사람이 흑암과 사망의 그늘에 앉으며 곤고와 쇠사슬에 매임은 하나님의 말씀을 거역하며 지존자의 뜻을 멸시함이라"라고 대답합니다.

성경의 다른 곳에서도 그 대답은 모두 이 시편에 나오는 것과 같습니다. 죄는 하나님과 하나님의 말씀에 대한 거역입니다. 여러분은 죄에 대해 이보다 더 심오한 정의를 발견할 수 없을 것입니다. 죄인은 하나님과 하나님의 뜻, 하나님의 법을 거역한 인간입니다. 그래서 우리는 죄와 죄인에 대한 이런 성경적 정의로 시작해야 합니다. 그렇게 하지 않으면 그 메시지를 따를 수가 없습니다.

흔히 사람들은 죄를 범죄의 관점으로만 생각합니다. 만일 죄를 정의하라고 하면 그들은 이렇게 말합니다. "글쎄요, 물론 죄는 좋지 않은 것을 행하는 것이지요. 선하지 않은 일을 하는 것 말입니다." 때때로 그들은 죄를 악한 일을 저지르는 것이라고 더욱 분명하고도 적극적으로 정의하기도 합니다. "죄는 무가치한 행위이고 해서는 안 될 일을 하는 것입니다"라고 말입니다.

그러나 그들의 정의는 거기에서 멈춥니다. 하나님에 대해서는 전혀 언급하지 않습니다. 친절하고 존경받는 사람들은 자신이 악하고 무가치한 일을 하지 않았기 때문에 죄인이 아니라고 생각합니다. 그러나 죄를 하나님과 우리의 관계라는 관점으로 정의해야 한다는 것을 깨닫기 시작한다면, 여러분은 모든 사람이 죄인이라는 것을 알게 될 것입니다. 죄의 본질은 하나님과 하나님의 거룩한 법을 거역하는 것이기 때문입니다.

죄는 다른 말로 하면 하나님의 뜻 대신 내 의지를, 하나님의 생각 대신 내 생각을 세우는 것입니다. 죄는 내 존재와 내가 하는 모든 것으로 하나님을 영광스럽게 하지 못하는 것이라고 말할 수 있습니다. 그러므로 하나님을 잊는 것은 죄입니다.

하나님의 뜻이 아닌 자신의 뜻대로 하는 것은, 설사 그것이 끔찍한 범죄 행위가 아니라고 하더라도 여전히 죄입니다. 하나님의 말씀을 거역하고, 하나님이 하라고 말씀하신 것을 하지 않으면서, 자신의 권위를 내세우고 자신의 생각대로 살아가는 것이 죄입니다.

죄의 또 다른 특징은 '지존자의 뜻을 멸시하는 것'입니다. 그것은 구원을 위한 하나님의 길과 제안을 무시하고 거절했다는 뜻입니다. 죄의 본질이 그 한 절에 집약되어 있습니다.

인간이 안고 있는 모든 문제는 이 두 가지입니다. 하나는 하나님 앞에 엎드려 절하지 않는 것이고, 다른 하나는 그들을 고통에서 구원하기 위한 하나님의 행위가 하나님의 아들, 구주 예수 그리스도 안에 있는 구원이라는 사실을 경멸하고 거부하는 것입니다.

그들은 '지존자의 뜻을 멸시' 합니다. 그들은 그리스도와 그리스도의 피, 그리스도의 죽음을 비웃습니다. 그리고 그리스도의 위대한 구원에 침을 뱉습니다. 그것이 죄에 대한 시편 기자의 정의입니다. 시편 기자가 그림으로 제시하는 죄의 모습은 신약의 모든 곳에서 죄에 대해 말하는 것과 동일합니다.

교만과 무지

이제 죄에 대한 두 번째 정의에 주목해 봅시다. 그것은 교만과 무지입니다. 여러분은 10, 11절에서 시편 기자가 제시하는 방법을 주목해 보았습니까? 시편 기자는 그들이 '하나님의 말씀을 거역했기' 때문에 이런 상황에 놓였다고 말합니다.

하나님에게는 많은 다른 이름이 있습니다. 구약을 원어로 읽어 본다면, 여러분은 이 시편에서 하나님이라고 번역한 단어와 같은 뜻의 다른 이름과 다른 표현을 사용하고 있음을 발견하게 될 것입니다.

이 시편에서 사용한 단어는 다음과 같습니다. "그들은 전능자의 말씀을 거역했기 때문에 이런 상태에 있는 것이다." 그 전능자는 능력과 힘과 권능을 가진, 만물 가운데 가장 능력이 뛰어나신 하나님입니다.

그들은 누구의 뜻을 멸시했습니까? 그들은 '지존자의 뜻을 멸시' 했습니다. 지존자! 가장 높은 하늘에 계신 분, 모든 것 위에 계신 분입니다. 그것이 죄의 무지함과 말할 수 없는 교만함에 대해 말하는 이유입니다. 죄에 대해 다른 말을 하지 않더라도 인간이 죄를 지은 것 자체가 가장 큰 어리석음이라고 말할 수 있습니다.

에덴 동산으로 돌아가 그곳에서 잉태된 죄를 생각해 보십시오. 아담과 하와는 하나님과 친밀한 교제를 나누는 삶을 살고 있었습니다. 그들은 하나님이 무(無)에서 만물을 창조하신 창조자라는 것을 알고 있었습니다. 그분이 모든 것의 질서를 정하시고 통제하시는 하나님이라는 것을 알고 있었습니다. 그러나 그들은 그런 하나님을 거역했습니다.

그들은 단지 하나님이 창조하신 피조물에 불과한 인간이었습니다. 하나님은 그들을 흙으로 빚으셨습니다. 그리고 아담에게 생기를 넣어 주사 숨을 쉬게 하셨고, 아담의 갈비뼈로 여자를 만드셨습니다. 아담은 하나님의 능력과 힘을 알고 있었습니다.

그러나 아담이 어떻게 했는지를 보십시오! 그의 행동은 너무도 분명한 광기였습니다! 아담은 전능자를 대적했고, 그분의 말씀을 거역했습니다.

그것이야말로 모든 인간이 지금도 행하고 있는 일입니다. 그들은 무지함에 빠져서 말합니다. "나는 하나님이 계시다는 것을 믿지 않아." 혹은 하나님이 이런 일을 했고 저런 일을 하지 않았다고 비난합니다. 그러나 아주 작고 미천한 피조물인 우리의 생명은 단지 호흡 하나, 물방울 하나와 같습니다. 우리는 오늘 여기에 있습니다. 그러나 내일은 이 세상을 떠나 이 자리에 없을지도 모릅니다.

지금 이 순간에도 우리 주변에는 작은 병균들이 있습니다. 그 병균들은 너무 작아서 가장 작고 섬세한 여과기도 빠져나갈 수 있습니다. 우리는 여과기를 통과하는 그 병균들을 가장 미세한 바이러스라고 부릅니다. 그것들은 그만큼 작고 연약합니다. 그러나 그것들은 우리를 쓰러뜨릴 수도 있고 폐렴으로 죽게 할 수도 있습니다. 우리가 그렇게 연약한 존재입니다.

그런 우리가 어떻게 행합니까? 우리는 전능자를 거역합니다. 오, 죄의 어리석음과 무지함과 교만함이여! 작고 미천한 인간이 하나님을 대적하다니요!

우리는 하나님의 손안에 있습니다. 우리의 호흡도, 우리의 생명도 모두 하나님의 손안에 있습니다. 그러나 사람들은 "나는 그런 것은 신경 쓰지 않아!"라고 말합니다. 그것은 작고 연약한 파리가 거대한 트랙터가 앞으로 나가는 것을 막으려는 것과 같습니다.

여기에 한 그림이 있습니다. 하루살이같이 연약한 인간이 영원하고 절대적이며 전능하신 하나님을 대적하는 그림입니다. 그들은 지존자의 뜻과 구원의 손길을 멸시하며 거절합니다.

사랑하는 여러분, 우리가 얼마나 어리석은지요! 죄는 무지함입니다. 죄는 두려울 정도의 무지함입니다. 우리가 지금처럼 행동하는 것은 자신이 무엇을 하고 있는지를 깨닫지 못하기 때문입니다. 우리가 죄 가운데 계속 거하는 것은 죄가 무엇을 의미하는지를 정확히 깨닫지 못하기 때문입니다. 그것은 말할 수 없는 어리석음입니다. 그리고 그것은 언제나 죄입니다.

죄의 결과

무지함의 결과는 사람들이 죄 속에서 행하는 것입니다. 그들은 스스로에게 그 행위의 결과를 가져옵니다. 그리고 홀로 그 결과를 책임져야 합니다.

여기 그 결과들이 있습니다. 죄는 악한 영의 간계로 인해 처음에는 멋지게 보입니다. 사람들은 자신의 경이로운 삶을 이야기합니다. 여러분이 신문이나 사진에서 보는 삶은 얼마나 놀라운 일로 가득한지요! 매주 여러분은 신문에서 삶의 화려함과 낭만, 빛나는 매력을 봅니다.

그런 것들을 읽거나 영화 등에서 그런 것들을 보는 젊은 사람들은 말합니다. "그것이 인생이야. 그것이 내가 찾고 있는 것이야. 그것이 내가 원하는 것이야. 이 얼마나 놀라운 인생인가!"

시편 107편에 나오는 사람들도 한때 그렇게 생각했습니다. 그러나 안타깝게도 그들은 거기에서 멈추지 않습니다. 그들은 다음의 상황에 처합니다.

"그러므로 그가 고통을 주어 그들의 마음을 겸손하게 하셨으니 그들이 엎드러져도 돕는 자가 없었도다"(12절).

시편 기자가 말하는 것이 무엇입니까? 그는 단순히 삶을 묘사하고 있습니다. 세상 사람들의 젊은 시절을 그대로 묘사한 것이 아닙니까?

계속해서 끝까지 읽어 보십시오. 그들을 따라가 보십시오. 그들의 삶이 실제로 어떤 삶으로 인도되는지를 보십시오. 그들의 마음은 고통으로 낮은 곳까지 내려갑니다. 고통을 주어 우리의 마음을 겸손하게 하시는 분은 바로 하나님입니다. 성경은 그것을 다른 곳에서 매우 함축적으로 표현합니다.

"사악한 자의 길은 험하니라"(잠 13:15).

고난의 삶이 계속되다

죄의 삶은 고난의 삶입니다. 잡지 표지를 화려하게 장식하고 있는 멋진 그림들은 우리의 마음을 설레게 합니다. 그러나 간이 숙박소나 값싼 여인숙에 가 보십시오. 소년원을 방문해 보십시오. 벽에 장식물도 거의 없는, 말할 수 없이 형편없는 잠자리가 있는 작은 방들에 들어가 보십시오.

화려함과 놀라움, 흥미로 시작한 삶의 결론을 보십시오. 역사서와 전기, 자서전을 보면, "사악한 자의 길은 험하니라"라는 말씀보다 더 정확하게 인생을 묘사한 것이 없음을 알게 됩니다.

인생은 언제나 수고로운 일로 가득 차 있습니다. 어려움과 문제가 끊임없이 일어납니다. 예전의 좋았던 상황이 계속 이어지지 않습니다. 신문에 실리는 사건과 사고들은 제가 말씀드리고 있는 것을 더욱 확실하게 해 줍니다.

여러분은 거룩함에 침을 뱉을 수 있습니다. 결혼 서약을 비웃으며 이렇게 말할 수도 있습니다. "그런 것은 빅토리아 시대의 일이야. 그런 것은 성경에나 나오는 것이야. 나는 그런 것을 믿지 않아. 나는 새롭고 신선한 것을 찾고 싶어. 그것은 정말 완벽할 거야."

그러나 여러분이 찾던 새롭고 신선한 것이 과연 완벽합니까? 눈을 크게 뜨고 보십시오.

"그가 고통을 주어 그들의 마음을 겸손하게 하셨으니"(12절).

거기에서 끝나지 않습니다.

"그들이 엎드러져도 돕는 자가 없었도다"(12절).

사실은 "그들이 엎드러지기 시작했다"가 더 좋은 번역입니다. 이렇듯 시편 기자는 죄로 물든 삶에서 끊임없이 일어나는 복잡한 문제들을 생생하게 묘사합니다.

사람들이 세상에서 죄를 지을 때는 늘 복잡한 문제가 뒤따릅니다. 아담과 하와를 보십시오. 그들이 사탄의 말을 듣고 하나님을 대적한 일, 자신들의 권리를 주장하며 금지된 열매를 먹은 일은 실로 놀라운 일입니다. 그렇게 하자마자 곧 문제가 생겼습니다. 그들은 하나님의 음성을 듣고서 이렇게 말했습니다. "어떻게 해야 하지?" 그들은 어떻게든 숨어야 했습니다. 우리는 우리를 계속 거짓으로 꾸며야 합니다.

가인을 보십시오! 그는 동생을 살해하는 순간에 끔찍한 문제에 빠져 듭니다. 여러분이 죄에 걸려 넘어지기 시작할 때 비로소 여러분은 죄의 삶에 들어갑니다. 복잡한 문제들이 있습니다. 어차피 피하려고 해 봤자 여러분은 그것들을 피할 수 없습니다. 지금 저는 여러분과 저의 경험을 이야기하고 있는 것입니다.

여러분에게는 자신을 염려하는 양심이 있습니다. 그러나 실제로 옛 자아가 여전히 존재합니다. 어려움이 있습니다. 여러분을 오해하는 사람들이 있습니다. 세상의 모든 것이 여러분이 생각했던 것처럼 완벽하지 않습니다. 여러분이 선택한 배우자도 여러분이 생각했던 전부가 되어 주지는 못합니다.

여러분은 넘어지기 시작합니다. 여러분은 생각했던 것만큼 곧게 걸어가지 못합니다. 어려움이 사방에서 일어납니다. 그러나 자신이 어디에 있는지조차 모릅니다. 그리고 넘어지기 시작합니다. 엎드러지는 것입니다!

매인 종이 되다

상황은 더욱 악화됩니다! 처음에 그림을 통해 말씀드렸듯이 여러분은 종의 상태와 갇히는 신세가 됩니다.

"사람이 흑암과 사망의 그늘에 앉으며 곤고와 쇠사슬에 매임은"(10절).

처음에 죄를 짓는 것은 선택의 문제입니다. 그러나 죄된 삶에 계속 머물러 있으려고 고집한다면, 머지않아 죄를 짓지 않고서는 살 수 없는 날이 올 것입니다.

죄를 지을 때마다 여러분의 저항력은 점점 떨어집니다. 죄를 지을 때마다 여러분은 새로운 습관을 가지게 됩니다. 우리는 모두 습관의 힘을 알고 있습니다. 철저히 몸에 밴 습관, 오랫동안 지속된 습관, 탐욕과 정욕의 힘을 알고 있습니다. 여러분은 멈추고 싶지만 멈출 수가 없습니다.

여러분은 희생자입니다. 여러분은 붙잡혀 있습니다. 그 죄를 멈출 수만 있다면 온 세상이라도 주려고 할 것입니다. 여러분은 이런저런 방법들을 시도합니다. 그리고 이런저런 치료약을 써 봅니다. 그러나 상황은 어떻습니까? 여러분은 여전히 죄의 손아귀에 붙잡혀 있습니다. 여러분은 악에 빠져 있습니다. 그리고 그것을 떨쳐 버릴 수가 없습니다.

우리는 화려한 경력을 가진 많은 사람들이 술로 인생을 망치는 것을 보았습니다. 그는 술을 끊어 보려고 온갖 애를 썼습니다. 아내와 아이들이 그를 돕기 위해 노력했습니다. 그러나 그를 멈출 수가 없습니다. 그는 사로잡혀 있습니다. 희생자입니다. 그는 쇠사슬에 매여 있습니다. 족쇄에 묶여 있습니다.

죄는 의지가 전혀 남지 않게 될 때까지 우리의 의지력을 약화시킵니다. 죄는 예속입니다. 우리 모두가 이 순간에도 죄의 예속성을 보고 있습니다. 죄는 술 취함일 수도 있으며, 도덕적인 문제일 수도 있습니다. 성적인 문제일 수도 있으며, 나쁜 성격

일 수도 있습니다. 또한 죄는 여러분이 결코 통제할 수 없는 성급한 말이나 질투심과 원한, 악한 생각일 수도 있습니다.

여러분은 그것들의 희생자이며 종입니다. 여러분은 감옥 안에 갇혀 있고 속박되어 있습니다. 그러나 그들은 자신이 자유와 해방을 누리고 있다고 말합니다! 오, 악한 영의 이 얼마나 간악한 속임수란 말입니까!

어둠과 흑암에 빠지다

죄의 결과는 거기에서 멈추지 않습니다. '탕자의 천로 역정'이라는 역사 속에서 그것을 살펴봅시다. 여러분이 이르게 되는 곳은 바로 어둠과 암울함입니다. 하나님이 허락하시면 나중에 어둠의 이러한 면에 대해 더 자세히 말씀드릴 수 있을 것입니다. 어둠은 언제나 죄 속에 존재합니다. 가엾은 죄인은 어둠과 말할 수 없는 무기력의 상태 속으로 들어갑니다.

아, 죄 속에서 타버린 삶의 비참함과 가엾음이여! 죄악 속에서 낭비한 가엾은 영혼이여! 하나님이 창조하신 고결한 존재의 파멸이여!

노년에 비참함에 빠져 있는 사람들을 보십시오. 사실 비참함에 빠지는 일은 인생의 한창기, 혹은 중년에 이르기 전에도 종종 일어납니다. 그들에게는 한 줄기 희망도 없습니다. 사방 어느 곳을 보아도 빛을 찾을 수가 없습니다. 그들의 인생은 암울하고 소망이 없습니다. 그런 삶은 그 자체로 짙은 죽음의 그림자이며, 소망이라고는 전혀 찾아볼 수가 없습니다.

그들은 모든 것을 잃었습니다. 그들의 미래에는 오직 어둠과 암흑만이 있을 뿐이며, 지옥의 불꽃만이 그들이 처한 어둠에 간혹 빛을 던져 줍니다. 그것은 아무것도 할 수 없고 빠져나올 의욕조차 가질 수 없는 죽음의 그림자입니다. 이것이 제가 강조하고 싶은 것입니다.

"그들이 엎드러져도 돕는 자가 없었도다"(12절).

주 예수 그리스도가 탕자의 비유에서 이것을 분명하게 말씀하신 것을 기억합니까?

"그가 돼지 먹는 쥐엄 열매로 배를 채우고자 하되 주는 자가 없는지라"(눅 15:16).

불쌍한 탕자는 집을 나갈 때 두둑하게 들고 나갔던 돈을 흥청망청 다 써 버렸습니다. 그는 마음에 맞는 친구들과 어울려 방탕하게 놀았습니다. 친구들은 세상에서 그가 최고라고 말했으며, 부족한 것이 아무것도 없다고 하면서 그를 추켜세웠습니다.

그러나 정작 그가 궁핍하게 되자 친구들은 모두 그를 버리고 떠났습니다. 그리고 그를 완전히 잊어버렸습니다. 그는 결국 혼자 남았습니다.

"주는 자가 없는지라."

쓰레기 더미 위에, 거절당한 삶에 처하고 말았습니다.

죄의 결과는 언제나 그렇습니다. 죄가 본질적으로 이기심이기 때문입니다. 절망과 번민, 고통에 빠진 그를 도울 자가 아무도 없었습니다. 그는 철저히 버림받았고 길을 잃었습니다.

그것이 성경이 말하는 죄로 물든 삶입니다. 성경은, 여러분이 이기적이고 자기중심적이며 하나님이 없는 세상적인 삶을 산다면 여러분의 삶도 그와 같을 것이라고 말합니다.

여러분이 하나님을 거역하고 그리스도 안에서 베풀어 주시는 하나님의 제안을 거절한다면, 여러분을 기다리고 있는 결과도 바로 그러할 것입니다. 다른 일은 일어날 수 없습니다. 그보다 못한 일도 일어날 수 없습니다. 그것이 이 세상에서 우리가 처하는 지옥, 다음 세상에서 모든 번뇌와 고통으로 우리를 기다리고 있는 지옥의 마지막 그림입니다.

하나님의 구원

그러나 우리에게 베푸신 구원으로 인해 하나님께 감사를 드립니다.

"이에 그들이 근심 중에 여호와께 부르짖으매 그들의 고통에서 건지시고"(6절).

아, 이 얼마나 복된 소식입니까? 그것이 바로 하나님을 찬양해야 하는 이유입니다. 그것은 단지 하나님이 우리를 위해 무엇인가를 하셨다는 차원이 아닙니다. 제가 경이롭게 느끼는 것은 하나님이 그 일을 하실 준비가 되어 있다는 것입니다.

왜 하나님이 그들의 말을 들으셔야 합니까? 그들은 하나님을 거역했습니다. 하나님을 조롱하고 비웃었으며, 하나님의 신성한 생명을 경멸하고 내쫓았습니다. 그러나 낮아지고 홀로 남겨지자 그들은 하나님께 부르짖습니다. 그리고 하나님은 그들의 부르짖음을 들으시고 선하심과 영원하신 긍휼로 그들을 절망에서 건져 주십니다.

하나님이 구원을 베푸시는 방법에 귀를 기울여 보십시오. 저는 여러분이 그 단계들을 따라오기를 원합니다. 저는 단지 그것들을 언급만 할 것입니다. 여러분이 직접 무릎을 꿇고 그것을 행하십시오. 그리고 하나님께 감사를 드리십시오. 하나님의 구원이 얼마나 놀라운지요!

어둠 속에서 나오다

여러분이 죄의 종이 된 상태에서 벗어난다는 것은 속량의 상태로 옮겨진다는 것을 뜻합니다. 그 첫 단계는 여러분이 어둠과 암울함에서 벗어나는 것입니다.

여러분은 말할 수 없이 깊은 어둠 속에서, 자신이 죄인이고 하나님을 대적해 죄를 지었다는 깨달음에서 오는 절망감 속에서, 아무것도 여러분을 구원할 수 없고 자신에게도 그것을 구할 권리가 없음을 느끼게 됩니다. 여러분이 구해도 하나님이 귀를 기울이시지 않을 것이라고 생각합니다.

인간은 여러분을 도울 수 없습니다. 여러분이 자기 자신을 도울 수도 없습니다. 할 수 있는 것이 아무것도 없습니다. 여러분은 철저히 소망이 없다는 사실에 압도당합니다. "죄인인 내가 무엇을 할 수 있을까? 나는 파멸했다. 나는 멸망당한 자이다."

그런데 갑자기 짙은 암울함 속에서 불꽃이 나타납니다. 그것이 무엇입니까? 사도 바울은 그것을 어떻게 표현합니까?

"어두운 데에 빛이 비치라 말씀하셨던 그 하나님께서 예수 그리스도의 얼굴에 있는 하나님의 영광을 아는 빛을 우리 마음에 비추셨느니라"(고후 4:6).

이 빛은 예수 그리스도의 얼굴 안에 있습니다.

성경은 악한 영보다 더 강력한 자가 이 생명과 세상 속으로 들어왔다고 말합니다. 누가복음 11장을 보십시오. 죄 속에 빠진 인간은 어떤 존재입니까? 그는 '그 소유가 안전한', '강하고 무장을 한 자'가 지키는 감옥 안에 갇힌 자입니다(눅 11:21 참고). 인간은 그런 상황에 대해 아무것도 할 수가 없습니다.

"더 강한 자가 와서 그를 굴복시킬 때에는 그가 믿던 무장을 빼앗고 그의 재물을 나누느니라"(눅 11:22).

더 강한 자가 사로잡힌 자를 자유롭게 해 줍니다. 그것이 그들에게 임하는 빛입니다.

그것을 다르게 보여 드리겠습니다. 모든 사람이 여러분을 버렸습니다. 여러분은 수치와 죄로 인하여 말할 수 없는 외로움에 빠져 있습니다. 양심이 여러분을 정죄하고 비판합니다. 하나님의 법은 여러분을 향해 크게 외칩니다. 온 세계가 여러분을 떠나면서, "네가 자초한 결과야. 이미 엎질러진 물은 주워 담을 수가 없어"라고 말합니다.

그 모든 비참함 속으로, 여러분이 차마 눈을 들고 볼 수 없을 만큼 지극히 순수한 얼굴을 가진 영광스러운 분이 다가옵니다. 그분은 웃음 지으며 여러분 옆에 앉습니다. 사람들은 그분을 '세리와 죄인의 친구'라고 불렀습니다.[2] 그분은 여러분에게 '잠잠하라, 고요하라'라고 말씀하십니다.[3]

---

2. 눅 7:34 인자는 와서 먹고 마시매 너희 말이 보라 먹기를 탐하고 포도주를 즐기는 사람이요 세리와 죄인의 친구로다 하니.

3. 막 4:39 예수께서 깨어 바람을 꾸짖으시며 바다더러 이르시되 잠잠하라 고요하라 하시니 바람이 그치고 아주 잔잔하여지더라.

그분은 여러분을 계속 지켜보았을 뿐만 아니라 여러분을 불쌍히 여긴다고 말씀하십니다. 그리고 여러분이 믿을 수 없는 말씀을 하십니다. 여러분의 마음을 깨뜨리는 말씀을 하십니다. 그분은 여러분을 사랑하신다고 말씀하십니다!

그분은 여러분이 교만과 반항에 빠져 있었을 때도, 하나님을 모욕하고 있었을 때도, 하나님의 이름을 만홀히 불렀을 때도, 그분의 구원에 침을 뱉고 있었을 때도 하늘에서 여러분을 보았고 사랑하셨다고 말씀하십니다. 그분은 여러분이 하나님의 원수로 있었을 때도, 하나님을 몰랐을 때도 여러분을 사랑하셨다고 말씀하십니다.

그러하기에 자신이 하늘에서 땅으로 내려오셨다고 말씀하십니다. 그리고 여러분을 대신해 여러분의 죄를 지고 죽기 위해 십자가를 지고 갈보리 길을 오르셨습니다. 여러분을 구원하시기 위해서 말입니다.

"흑암과 사망의 그늘에서 인도하여 내시고"(14절).

그분은 두 팔을 활짝 펴고 우리를 안으시며 우리를 구속하기 위해 오신 것을 확신시켜 주십니다.

얽어맨 줄을 끊으시다

그분은 거기에서 멈추지 않으십니다.

"흑암과 사망의 그늘에서 인도하여 내시고 그들의 얽어맨 줄을 끊으셨도다"(14절).

그분은 그 얽어맨 줄을 끊으십니다. 그분은 매우 강하십니다. 그분은 율법의 정죄함에서, 사망과 무덤의 두려움에서 우리를 자유롭게 해 주십니다.

"그러므로 이제 그리스도 예수 안에 있는 자에게는 결코 정죄함이 없나니"(롬 8:1).

그분의 은혜로 값없이 의롭다 하심을 받았기 때문에 저는 율법의 속박에서 자유롭게 되었습니다. 그분은 저의 죄악을 고치셨습니다. 그리고 저의 죄의 형벌을 감당하셨습니다. 이제 저는 자유인입니다.

또한 감사하게도 그것으로 끝나지 않습니다. 그분은 죄의 권세를 끊으십니다. 그분은 죄수를 자유롭게 해 주십니다. 그분은 무효화된 죄의 권세를 깨뜨리십니다. 그분은 제가 죄와 그 권세에서 구원해 달라고 기도할 때 응답하십니다.

그것이 구원입니다. 빛, 인자, 끊어진 족쇄, 제거된 정죄함, 죄 사함 받은 인간, 내면의 자유, 새로운 능력과 새로운 생명이 바로 신약의 복음입니다.

그러나 더 주의해서 다음의 말씀을 들어 보십시오. 시편 기자는 계속해서 이렇게 말합니다.

"여호와의 인자하심과 인생에게 행하신 기적으로 말미암아 그를 찬송할지로다"(15절).

왜 그는 그것을 계속 말합니까? '저가 놋문을 깨뜨리시며 쇠빗장을 꺾으셨기' 때문입니다. 그 말은 그분이 놋문을 산산이 부숴뜨린다는 말입니다.

그분은 놋문을 산산이 부숴뜨리고 쇠빗장을 두 동강 냅니다. 그것은 우리가 내적으로 죄의 권세에서 자유롭게 되었을 뿐만 아니라 외적으로도 죄의 권세에서 구속을 받고 사면을 받았음을 뜻합니다.

"죄가 너희를 주장하지 못하리니 이는 너희가 법 아래에 있지 아니하고 은혜 아래에 있음이라"(롬 6:14).

사탄은 정복당했습니다. 무장을 한 강한 자가 사로잡힌 것입니다. 사탄은 자기의 적수를, 아니 그가 도저히 감당할 수 없는 강한 분을 만났습니다. 그리스도가 사탄을 패배시키셨습니다. 우리 안에 있는 죄뿐만 아니라 사탄 안에 있는 죄가 모두 정복당했습니다. 사탄은 족쇄 안에 있습니다. 사탄은 궁지에 갇혔습니다. 그리고 마침내 완전히 멸망당할 것입니다.

그리스도인이 무엇입니까? 바울은 골로새 성도들에게 보낸 편지에서 "그가 우리를 흑암의 권세에서 건져 내사 그의 사랑의 아들의 나라로 옮기셨으니"(골 1:13)라고 말합니다.

여러분은 사탄의 지배에서 벗어났습니다. 그리고 그리스도의 통치 안으로 들어갑니다. 여러분은 그리스도의 구원과 보호하심의 벽으로 둘러싸여 있습니다. 그리고 더 이상 놋문과 쇠빗장이 가로막고 있는 끔찍한 감옥 안에 갇혀 있지 않습니다.

그분은 죄인들을 자유롭게 해 주십니다. 그분이 우리에게 새 소망을 주시고 죄를 용서받았음을 확신시켜 주실 뿐만 아니라 성령 안에서 우리에게 새로운 생명과 권능을 주십니다. 그리고 그리스도의 이름과 피의 능력으로 우리가 사탄을 대적할 수 있으며 사탄이 우리에게서 도망칠 것이라고 알려 주십니다. 우리는 더 이상 사탄의 지배 아래 있지 않습니다. 이제 우리는 하나님의 자녀이고 천국의 시민입니다.

이것이 복음의 메시지입니다! 이것은 하나님이 절망 속에서 부르짖는 모든 이에게 행하시는 일입니다. 그들이 여호와의 인자하심과 인생에게 행하신 기적으로 말미암아 그분을 찬송하는 것은, 그분이 이 일을 행하셨고 그들을 끔찍한 원수의 손에서 구원하셨기 때문입니다.

여러분은 그런 은혜를 베풀어 주신 하나님을 찬양하고 있습니까? 여러분은 자유롭게 되었습니까? 여러분은 지금 제가 여러분에게 말씀드리고 있는 것에 동의해야 합니다. 저는 지금 수사학적 논문을 읽거나 강의하고 있는 것이 아닙니다. 하나님을 향한 여러분의 교만과 반역을 말하고 있습니다.

사탄이 여러분을 찾아와 생명과 자유에 대한 놀라운 그림을 보여 주었음을 말씀드리지 않았습니까? 그리고 여러분이 어떻게 사탄을 믿었고 어떻게 사탄의 종이 되었는지를 말씀드리지 않았습니까? 저는 죄의 종, 습관의 종, 사탄의 종인 여러분에 대해 말씀드리고 있는 것입니다.

여러분이 자유에 대해 알고 있습니까? 사랑하는 여러분, 여러분은 단지 한 가지만 하면 됩니다. 그것은 바로 자신이 종의 상태와 어리석음, 무지함, 교만함에 빠져 있었음을 인정하고 고백하는 것입니다. 숨김없이 솔직하게 고백하십시오.

그리고 여러분을 받아 주시고 구속해 주실지를 하나님께 물어보십시오. 제가 분명히 약속드립니다. 여러분이 그렇게 고백하는 한 틀림없이 하나님은, 하나님이 여러분을 지극히 사랑하셔서 자신의 독생자를 이 세상에 보내셨으며, 여러분이 그분을 믿는다면 죽지 않고 영생을 누리게 될 것이라고 말씀하실 것입니다.

여러분은 이제 감옥에서 나올 수 있습니다. 족쇄가 풀어지고 쇠빗장이 꺾이고 놋문이 깨뜨려질 것입니다. 그리스도가 여러분을 감옥에서 끌어내시고 평생 인도해 주실 것입니다. 그분이 여러분에게 기대하시는 것은 오직 그분을 찬양하며 그분에게 감사하는 것뿐입니다. 입술로만이 아니라 삶으로 그분을 찬양하는 것입니다.

이제 여러분은 그분을 따르게 될 것입니다. 여러분은 모든 사람에게 그분에 대해 말할 것입니다. 그리고 여전히 감옥에 갇혀 있는 다른 가엾은 종들도 감옥에서 나올 수 있기를 뜨겁게 열망하게 될 것입니다. 하나님의 구원을 깨닫는다면 여러분은 반드시 그렇게 반응할 것입니다.

여러분에게 지금 말합니다. 하나님께 부르짖으십시오. 그렇게 한다면, 저는 분명히 약속할 수 있습니다. 그분은 결코 여러분을 내쫓지 않으실 것입니다.

"이에 그들이 그 환난 중에 여호와께 부르짖으매 그들의 고통에서 구원하시되"(13절).

오, 놀라운 은혜여! 오, 말로 다 할 수 없는 사랑이여! 오, 영원한 자비여! 그토록 놀라우신 하나님이 그토록 보잘것없는 죄인의 부르짖음에 귀를 기울이시다니요! 그러나 하나님은 여러분의 부르짖음을 들으셨고 앞으로도 들으실 것입니다. 바로 지금 하나님께 부르짖으십시오.

4장 *The dreadful disease*

끔찍한 질병

미련한 자들은 그들의 죄악의 길을 따르고 그들의 악을 범하기 때문에 고난을 받아 그들은 그들의 모든 음식물을 싫어하게 되어 사망의 문에 이르렀도다. 이에 그들이 그들의 고통 때문에 여호 와께 부르짖으매 그가 그들의 고통에서 그들을 구원하시되 그가 그의 말씀을 보내어 그들을 고치시고 위험한 지경에서 건지시는 도다. 여호와의 인자하심과 인생에게 행하신 기적으로 말미암아 그를 찬송할지로다. 감사제를 드리며 노래하여 그가 행하신 일을 선포할지로다.

시 107:17-22

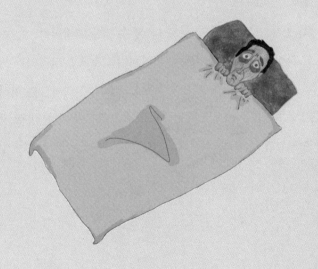

시편 107편은 어떤 관점에서 보아도 놀라운 시입니다. 이 시편은 뛰어난 예술성을 가지고 있으며, 상황에 대한 뛰어나고도 생생한 묘사로 읽는 이의 경이로움을 자아냅니다. 이 시편은 극적이고도 뛰어난 묘사력을 보여 주는 문학 작품입니다. 그와 같은 예술성은 우리가 깊이 연구하고 분석할 만한 가치가 있습니다. 그러나 무엇보다도 우리의 관심을 끄는 것은 이 시편이 담고 있는 진리와 메시지입니다.

시편 기자는 모든 사람이 하나님을 찬양해야 함을 보여 주기 위해서 이 시편을 썼습니다. 하나님은 하나님이시기 때문에 찬양을 받으셔야 합니다. 죄의 본질은 하나님을 찬양하지 않는 것입니다. 그러나 우리는 죄를 특별하고 구체적인 것으로 제한하려고 하기 때문에 안타깝게도 방향을 잃고 헤맵니다. 어떤 사람들은 자신이 중한 범죄를 저지르지 않았기 때문에 죄인이 아니라고 생각합니다.

자신이 죄인인지 아닌지를 알고 싶다면, 여기에 그 시금석이 있습니다. 여러분의 삶 전체를 하나님을 찬양하고 그분의 영광을 구하는 일에 바치고 있습니까? 그렇지 않다면 여러분은 죄인입니다.

시편 기자는 온 인류가 죄 속에서 철저히 무능하게 되었다고 말합니다. 그것이 인류가 어려움에 처하게 된 유일한 원인이며, 그 원인은 다양한 방식으로 드러납니다.

그래서 시편 기자는 세상을 위한 유일한 소망이 하나님께 있다고 말합니다. 그리고 구원을 얻고 자유를 얻는 자들은 자신이 철저히 무능하고 소망이 없는 자임을 깨닫고 고통 가운데 하나님께 부르짖는 자들이라고 말합니다. 그때 그들은 하나님을 찬양하게 될 것입니다.

이것이 그의 명제입니다. 그리고 그 명제를 증명하기 위해 시편 기자는 네 가지 그림을 보여 줍니다. 그 그림들은 서로 전혀 다른 것처럼 보입니다. 그러나 조금만 자세히 읽어 본다면 모든 그림에 한결같이 나오는 구절이 있음을 발견하게 될 것입니다.

"이에 그들이 근심 중에 여호와께 부르짖으매 그들의 고통에서 건지시고"(6절).

"여호와의 인자하심과 인생에게 행하신 기적으로 말미암아 그를 찬송할지로다"(8절).

그는 이 그림들이 겉으로 보기에는 전혀 다른 것 같지만 사실은 같다는 것을 입증해 보입니다.

우리는 이미 두 가지 그림을 살펴보았습니다. 이제 세 번째 그림을 살펴볼 것입니다. 기억하십시오. 이 모든 그림이 죄가 무엇인지, 죄가 우리에게 행하는 것이 무엇인지를 보여 준다는 점을 말입니다.

첫 번째 그림은 우리로 하여금 길을 잃게 만드는 죄의 그림입니다. 두 번째는 우리를 종으로 만드는 죄의 그림입니다. 죄는 우리를 족쇄로 채우고 우리의 삶을 지배합니다. 우리는 지금 어디에 있습니까?

세 번째 그림은 광야에서 길을 잃고 성읍을 찾아 방황하느라 지친 사람들을 보여 주지 않습니다. 또한 힘을 잃고 곤고에 빠져 있거나 쇠사슬에 매여 감옥 한구석에 지쳐 있는 사람도 보여 주지 않습니다.

이제 우리는 어느 평범한 집의 침실에 들어와 있습니다. 그곳에는 한 가엾은 사람이 침대에 누워 있습니다. 그는 분명히 매우 심각한 병에 걸려 있습니다.

이 그림의 상황은 겉으로 보기에는 다른 그림들과 완전히 다릅니다. 전혀 공통점이 없는 것처럼 보이며 매우 평범합니다. 그러나 이 그림은 질병으로서의 죄의 그림입니다. 깊은 병으로서의 죄, 영혼의 질병으로서의 죄, 삶의 질병, 인류의 질병으로서의 죄에 대한 그림입니다.

그림3 - 질병

앞에서 다른 그림들을 살펴보았듯이, 먼저 그림을 자세히 살펴본 후에 이 그림이 분명히 가르쳐 주는 메시지와 교훈을 끌어내겠습니다. 이 그림도 역시 표현과 묘사가 직접 눈으로 보는 것처럼 생생합니다.

그림 속에 병든 환자들이 보입니다. 시편 기자가 그들에 대해 무엇을 말합니까? 우선 그들은 분명히 아프고 질병으로 고통받고 있습니다. 또한 곤란을 당하고 있습니다. 그것은 그들이 비참하고 불행하게 보인다는 뜻입니다. 그들은 분명히 통증으로 고통받고 있습니다. 불편해하며 괴로워하고 있습니다. 시편 기자의 묘사를 보면 그들은 분명히 식욕을 잃었습니다.

"그들은 그들의 모든 음식물을 싫어하게 되어"(18절).

그들은 모든 음식을 거부합니다. 만일 그들이 있는 방으로 음식을 가지고 들어간다면 그들은 더욱 고통스러워할 것입니다. 음식을 보는 것만으로도 그들의 비위가 상하기 때문입니다. 그들은 음식을 싫어할 뿐만 아니라 비위가 상해 구토를 할 것입니다. 이것은 아주 중요합니다. 왜냐하면 이것은 그들이 '사망의 문에 이르렀다'는 것을 묘사하기 때문입니다.

소모하다

환자들은 소모성 질환으로 고통받고 있다고 말할 수 있습니다. 소모성 질환의 원인은 다양합니다. 몸의 핵심 기관에서 질병의 원인이 되는 세포가 자라거나 건강한 세포가 파괴를 당한 것 때문일 수도 있습니다. 정확한 원인이 무엇이든지 병을 앓고 있는 사람들은 절망스러울 정도로 아프고 깊은 고통 가운데 있습니다.

식욕을 잃고 음식을 싫어할 정도라는 것은 그들이 매우 수척해졌음을 의미합니다. 그들의 얼굴빛은 매우 창백합니다. 입술에도 혈색이 전혀 없습니다. 심각한 창백함과 만성 질병으로 지쳐 있는 상태, 소모성 질환으로 고통당하는 사람의 전형적인 모습입니다.

그들은 힘을 잃었기 때문에 거의 움직일 수도 없습니다. 음식도 못 먹을 뿐만 아니라 질병과의 사투로 인해 몸이 상했습니다. 근육과 신경을 유지하기 위한 최소한의 영양도 공급받지 못합니다. 마음도 깊은 상심으로 점점 힘을 잃어 갑니다.

네 번째 그림에서 우리는 마르고 창백하며 비참한 무력증에 빠져 있는 사람들을 봅니다. 그들은 조금만 움직여도 숨이 차서 헐떡거립니다. 그들 안에 있는 핵심적인 생명의 불꽃이 거의 사라져 버린 것 같습니다. 시편 기자는 말합니다.

"사망의 문에 이르렀도다"(18절).

그들은 모든 것에 흥미를 잃었으며 철저히 비참하고 불행하게 되었습니다. 그들 모두가 스스로를 위해 할 수 있는 모든 일을 시도해 보지만 그들이 할 수 있는 것은 아무것도 없습니다. 그리고 그들은 스스로 모든 소망을 포기해 버렸습니다.

소망을 잃어버리다

이 그림은 전혀 소망이 없는 사람들에 대한 묘사입니다. 그들은 마치 죽음의 세월을 살아가는 것 같습니다. 그들을 살아 있는 시체라고 말할 수 있을 정도입니다. 시편 기자는 그들의 모습을 생생한 언어로 그립니다. 그는 그들의 모습을 자세히 설명해 줍니다.

"미련한 자들은 그들의 죄악의 길을 따르고 그들의 악을 범하기 때문에 고난을 받아"(17절).

질병은 신구약 모두에서 보여 주는 죄의 가장 보편적인 그림입니다. 주일마다 우리는 '우리는 건강하지 못합니다'라는 기도서를 암송하는 사람들을 봅니다. 그런 표현을 통해 자신이 죄인이라고 말하는 것입니다. 여러분은 구약에서 이스라엘이 '발바닥에서 머리까지'[1] 병이 들었으며 건강하지 못하다고 말하는 구절을 읽었을 것입니다. 그것은 죄를 묘사하는 가장 적

---

1. 사 1:6 발바닥에서 머리까지 성한 곳이 없이 상한 것과 터진 것과 새로 맞은 흔적뿐이거늘 그것을 짜며 싸매며 기름으로 부드럽게 함을 받지 못하였도다.

절한 표현입니다.

이런 그림은 교회가 처음부터 사용해 온 것입니다. 신약에서도 질병과 죄의 관계를 다루는 장면을 자주 봅니다. 찬양받으실 우리 구주도 대부분의 치유의 기적을 다음과 같은 이중적인 목적을 가지고 행하셨습니다. 즉, 주님은 긍휼을 보여 줄 뿐만 아니라 죄의 모습이 어떠한지를 보여 주고, 죄를 해결하기 위해 그분이 어떻게 이 땅에 오셨는지를 보여 주려고 그 일을 하셨습니다.

그것은 마치 이렇게 말씀하시는 것과 같습니다.

"나는 너희 몸의 질병을 치료한다. 그러나 너희의 영혼에게 무한히 더 크고 더 위대한 일을 하기 위해 이 세상에 왔다. 육체의 질병으로 인해 고통받는 너희 몸을 내가 치료했듯이, 끔찍한 질병, 죄라는 영적 질병으로 고통을 받는 사람들의 영혼을 치료하기 위해 내가 왔다."

그분은 직접 다음과 같이 표현하셨습니다.

"건강한 자에게는 의사가 쓸데없고 병든 자에게라야 쓸데있느니라"(마 9:12).

그렇다면 구원은 무엇을 의미합니까? 구원은 건강을 의미합니다. 건강의 회복을 의미합니다. 사가랴의 이야기로 시작하는 신약이 담고 있는 전체 메시지는, 주 예수 그리스도가 우리에게 구원을 주기 위해 이 세상에 오셨다는 것입니다. 건강의 회복, 온전함, 완전함을 주기 위해 오신 것입니다. 그것은 거룩함을 의미하기도 합니다.

죄는 무엇인가?

이제 우리의 관심을 메시지, 즉 교리에 집중시킵시다.

죄악의 길을 따르다

시편 기자가 실제로 우리에게 말하는 것은 무엇입니까? 먼저 그는 죄가 무엇인지를 정확하게 말해 줍니다.

"미련한 자들은 그들의 죄악의 길을 따르고 그들의 악을 범하기 때문에 고난을 받아"(17절).

우선 죄는 죄악의 길을 따르는 것(transgress)입니다. 앞에서는 죄가 거역, 즉, '지존자의 뜻'을 경멸하며 거부하는 것을 의미한다고 했습니다. 그 외에도 죄는 여러 가지로 정의할 수 있습니다. 여기에서는 죄악의 길을 따른다는 의미에 집중할 것입니다.

죄악의 길을 따른다는 것은 무슨 뜻입니까? 그것은 하나님이 우리에게 원하시는 것에서 멀리 떠나 그것을 무시하고 어기는 것을 뜻합니다. 즉, 우리를 위한 하나님의 뜻과 길을 거스르는 것입니다.

건강을 예로 들어 설명하면 아주 분명하게 볼 수 있을 것입니다. 건강에는 분명한 법칙이 있습니다. 우리가 건강을 누리고 싶다면 그 법칙을 따라야 합니다. 어떤 법칙은 건강에 절대적으로 필요합니다. 음식이 바로 그러합니다. 단단한 음식이든, 음료이든 우리가 살아가는 데 음식은 절대적으로 필요합니다.

마찬가지로 신선한 공기도 건강에 있어서 본질적인 것입니다. 또 다른 것으로는 휴식과 수면이 있습니다. 만일 끝없이 일만 한다면, 여러분은 결국 육체적으로 고통을 받을 수밖에 없습니다. 이렇듯 진정으로 건강한 상태를 유지하고 싶다면 반드시 지켜야 하는 법칙들이 있습니다.

음식을 충분히 먹지 않는다면, 여러분은 약해질 것입니다. 반면 지나치게 많이 먹어도 고통을 받게 될 것입니다. 건강의 법칙은 사람들이 건강에 유익한 음식을 적당히 먹어야 한다는 것입니다. 너무 적게 먹거나 너무 많이 먹는 것은 좋지 않습니다.

휴식과 수면도 마찬가지입니다. 휴식이나 수면을 전혀 취하지 않는다면, 여러분은 곧 신경쇠약에 걸리고 말 것입니다. 너무 많이 자도 정신이 흐릿해져서 나중에는 혼수상태에 빠질 수도 있습니다. 그렇게 되면 여러분은 다시 아프게 되고, 지나친 수면이 병의 원인이라는 진단을 받을 것입니다. 건강의 다른 요인들도 마찬가지입니다.

이와 마찬가지로 죄악의 길을 따른다는 것은 우리가 그런 규칙과 법에 따라 살아가지 않고, 어떤 형태로든 그런 규칙들을 어기거나 무시하고 있음을 뜻합니다. 지나치게 많이 먹고 마시는 사람이나 충분한 휴식을 취하지 않는 사람처럼 말입니다.

어떤 사람들은 하루 종일 사무실에서 일한 후에 파티에 가서 밤을 새며 춤추고 즐깁니다. 그런 생활이 하루, 이틀, 며칠 동안 계속되면 결국 그들은 건강을 잃고 맙니다.

죄를 이해하고자 한다면 이런 모습을 영적으로 생각하면 됩니다. 그것은 다음과 같이 아주 단순하게 제시할 수 있습니다. 하나님은 자신을 위해 인간을 만드셨습니다. 하나님은 인간을 어떤 법칙과 원칙에 따라 살도록 만드셨습니다. 성경은 우리에게 지극히 단순하고도 분명하게 말합니다. 만일 우리가 창조의 원칙과 자연의 법칙에 따라 살지 않으면 그로 인해 고통을 받게 될 것이라고 말입니다.

우리가 육체적 건강의 법칙을 어긴다면 육체적으로 고통을 받습니다. 그와 마찬가지로 우리가 하나님이 우리로 하여금 영적인 존재로 살도록 하기 위해 만들어 놓으신 법칙과 질서를 지키지 않는다면, 우리는 결국 불행해질 것이고 비참함과 고통, 어려움에 처하게 될 것입니다. 그것이 죄악의 길을 따르는 것입니다. 결국 우리에게 문제가 생기는 것은 우리가 존재의 법칙을 어기기 때문입니다.

하나님은 자신을 위해 우리를 만드셨습니다. 따라서 우리가 하나님과 올바른 관계에 있지 않고 오직 그분만이 주실 수 있는 것을 그분에게서 받지 않는다면, 우리는 번성하고 성장할 수 없으며, 결국 고통을 받게 될 것입니다.

두 번째로, 죄는 악을 범한다는 것(iniquity)을 뜻합니다. 죄 속에 빠진 인간은 하나님이 원하시는 대로 살지 않을 뿐만 아니라 의도적으로 잘못을 범합니다. 그것이 죄악의 길을 따른다는 것과 악을 범한다는 것의 차이입니다.

인간이 죄에 빠진다는 것은 그가 단순히 하나님이 원하시는 모습으로 살지 않는다는 뜻만이 아닙니다. 그는 일부러 적극적으로 하나님이 원하시지 않는 모습으로 살려고 합니다. 그는 스스로 다른 모습이 되었습니다. 그는 범죄를 저질렀습니다. 범죄자가 된 것입니다. 세상에서 그런 인간의 죄악을 많이 보지 않습니까? 그 때문에 우리 모두가 괴로운 것입니다.

죄인, 미련한 자

두 번째 문제를 살펴봅시다. 성경은 죄악의 길을 따르고 악을 범하기 때문에 고난을 받는 사람들에 대해 뭐라고 말합니까? 여기에서 시편 기자의 말은 매우 중요하고도 구체적입니다. 그는 우선 그들이 '미련한 자'라고 말합니다. 우리는 시편 기자의 말을 정확하게 이해해야 합니다.

"미련한 자들은 그들의 죄악의 길을 따르고 그들의 악을 범하기 때문에 고난을 받아"라는 번역은 이런 요점을 잘 보여 주지 못합니다. 더 좋은 번역은 이것입니다. "미련한 자들은 그들의 죄악의 길을 따르고 그들의 악을 범하기 때문에 스스로 고난에 빠진다."

그래서 그들이 미련한 것입니다. 그들은 스스로 고난에 빠집니다. 그들이 한 일 때문에 고난이 그들에게 닥쳐오는 것이 아니라 그들이 스스로 고난을 만들어 내는 것입니다.

그것이 성경의 첫 번째 메시지입니다. 왜 세상이 이렇게 되었습니까? 왜 이런 긴장과 문제, 오해와 갈등이 생겨났습니까? 왜 전 세계적으로 어디에나 그런 문제들이 있습니까? 단순하고도 구체적으로 생각해 봅시다.

왜 한 개인 안에서도 그런 상황이 벌어집니까? 왜 모두 불행을 느낍니까? 왜 모두가 불안해합니까? 왜 모두가 고난을 당합니까? 왜 우리는 이런 모습으로 세상을 살아가고 있습니까? 무엇이 문제입니까? 단지 저주받은 운명이라고 한탄만 할 뿐입니까? 아니면 눈에 보이지 않는 어떤 악의적인 힘 때문에 이런 삶을 살게 된 것입니까?

그에 대한 성경의 대답은 아주 단순하고도 직접적입니다. 우리는 그 모든 결과를 스스로 초래했습니다.

"미련한 자들은 그들의 죄악의 길을 따르고 그들의 악을 범하기 때문에 고난을 받아."

세상은 인간의 말할 수 없는 어리석음 때문에 지금의 모습이 되었습니다. 그것은 운명이라고 말할 수 없습니다. 우리의 별자리 때문이라고 말할 수도 없습니다. 우리 외부에 있는 것 때문도 아닙니다. 바로 우리 안에 있는 것, 바로 우리 자신 때문입니다. 그것이 성경의 전체 메시지가 아닙니까?

세상은 이상향이었습니다. 그러나 이제 더 이상 이상향이 아닙니다. 왜 그렇습니까? 인간이 미련하기 때문입니다. 인간은 그 모든 것을 스스로 초래했습니다. 그러하기에 저는 '미련한 자'라는 표현을 강조하기를 원합니다. 그것은 우리가 아무리 강조해도 지나치지 않습니다.

저는 그런 말을 오늘날의 사람들이 듣기 싫어한다는 것을 알고 있습니다. 저는 사람들에게 성경에 나오는 죄의 교리를 받아들일 능력이 전혀 없음을 알고 있습니다. 사람들은 말합니다. "우리가 죄인이고 지금의 우리 모습에 책임이 있다는 가르침을 참을 수가 없어요. 나는 그런 말을 믿지 않아요."

그러나 여러분이 믿든지 안 믿든지 간에 그것은 분명한 사실입니다. 우리 한 사람, 한 사람이 미련한 자입니다. 우리가 하나님보다 더 많이 안다고 생각하는 것 자체가 우리의 미련함을 가장 잘 보여 줍니다. 그것이 바로 죄입니다.

아담이 최초로 지었던 죄가 바로 그것입니다. 하나님은 아담에게 이상적이고도 완벽한 조건을 주셨습니다. 그러나 아담은 하나님이 금지하신 더 좋은 길이 있다는 사탄의 제안에 귀를 기울였습니다. 그리고 스스로 더 나아지고 높아질 수 있다고 생각하며 유혹에 넘어가고 말았습니다. 그러면서 자신이 경이로운 일을 하고 있다고 생각했습니다.

오, 미련한 자여! 결국 아담은 스스로 고난에 빠졌습니다. 그는 죄 속에 빠진 자신의 문제를 어떻게 해결해야 할지를 몰랐습니다. 그런 아담의 모습이 지금의 우리의 모습입니다. 우리는 스스로 어려움을 만듭니다. 우리가 비참하게 문제와 어려움 속에 빠져 있는 것은, 지금의 우리의 모습 때문이며, 우리가 행동하고 생각하는 것 때문입니다.

여러분은 말합니다. "아, 하지만 그것은 다른 사람의 이야기예요." 그러나 다른 사람도 여러분에 대해 똑같이 말할 것입니다. 그것이 우리 모두의 현실입니다. 그리고 그런 현실에 놓인 것은 우리 모두가 자기중심적이고 이기적이기 때문입니다. 우리 모두가 스스로를 과대평가하며 자신이 무엇을 해야 할지를 알고 있다고 생각하기 때문입니다. 우리 모두가 그것을 믿고 그렇게 행동합니다. 그러나 그 결과는 스스로 초래한 어려움과 비참함입니다.

"미련한 자들은 그들의 죄악의 길을 따르고 그들의 악을 범하기 때문에 고난을 받아."

세상에서 죄만큼 미묘하고 교활한 것도 없습니다. 일부러 자신을 고통에 빠뜨리려는 사람은 아무도 없습니다. 자신이 무엇을 하고 있는지를 인식하지 못하면서 행동하는 것은, 그만큼 죄가 교묘하기 때문입니다.

우리는 '좋은 시기를 놓쳤다'고 말합니다. 그리고 어려움에 빠진 자신의 모습을 발견합니다. 우리가 어려움을 찾아간 것이 아닙니다. 단지 좋은 때를 얻으려고 했을 뿐입니다. 그러나 우리는 죄를 짓고, 율법을 무시했기 때문에 어려움에 처합니다. 우리는 건강의 원칙들을 잊어버렸습니다. 우리는 행복을 찾으러 나갔다고 말합니다. 우리는 비참해지고 싶지 않았습니다. 우리는 행복해지고 싶었을 뿐입니다.

그것이 세상의 모순입니다. 신문을 보십시오. 비참하고 불행한 이야기들로 가득 차 있지 않습니까? 후미진 골목길에 가서 잠시 사람들을 지켜보십시오. 왜 세상이 그토록 불행한 것입니까? 그들은 모두 행복을 찾아 나갔습니다. 모든 사람이 행복을 좇고 있습니다. 그러나 그 결과는 불행입니다!

왜 그렇습니까? 우리가 행복을 바르게 추구하지 않기 때문입니다. 그것이 어리석음이며 죄의 교묘함입니다. 그래서 우리가 죄에 현혹당하는 것입니다. 우리는 최선의 것을 찾아 나간다고 생각합니다. 그러나 결국 최악의 것을 발견할 뿐입니다.

도적으로서의 죄

죄가 필연적으로 가져오는 결과를 생각하면서, 세 번째 측면에서 죄에 대해 더 자세히 살펴보겠습니다. 저는 이미 그림 속에서 대답을 드렸습니다. 죄는 언제나 소모시키는 질병으로, 가엾은 병자가 침대에 누워 무기력하게 죽어 가고 있는 모습과 같습니다.

다른 원리로 제시한다면, 죄는 언제나 우리에게서 무엇인가를 빼앗아 갑니다. 여러분은 이 사실에서 죄의 미묘함을 볼 수 있지 않습니까? 죄는 모든 것을 줄 것 같은 친구처럼, 이 세상에서 얻을 수 있는 가장 좋은 친구처럼 우리에게 다가옵니다. 그러나 분명히 말씀드립니다. 죄는 우리에게서 빼앗아 갈 뿐 결코 어떤 것도 주지 않습니다.

그것은 탕자의 비유에서 잘 볼 수 있습니다. 세상은 그에게 멋진 삶을 줄 것처럼 그를 유혹했습니다. 그러나 집을 떠나는 순간 그는 모든 것을 빼앗겨 버렸습니다. 그리고 결국 무일푼이 되어 버렸습니다. 그는 들판에 홀로 앉아 돼지가 먹는 쥐엄 열매를 얻어먹으려고 몸부림쳐야 했습니다. 그것이 죄가 우리에게 항상 하는 짓입니다.

제가 약물을 예로 드는 것을 양해해 주십시오. 제가 말씀드리려고 하는 바가 알코올의 예에서 가장 잘 드러나기 때문입니다. 사람들에게 알코올이 무엇이냐고 물어보십시오. 그러면 사람들은 대부분 알코올이 흥분제라고 말할 것입니다. 그러나 약학자들은 알코올을 흥분제로 분류하는 것이 아니라 진정제로 분류합니다.

여러분은 말합니다. "아, 하지만 그것은 불가능합니다. 알코올을 마시면 흥분이 되는 걸요. 피곤할 때 위스키 한 잔을 마시면 힘이 생기는 것 같고 마음이 밝아지며 생기가 넘칩니다. 알코올은 분명히 흥분제가 맞습니다!"

그러나 그것은 사실이 아닙니다. 알코올이 여러분의 몸속에 들어가게 되면, 그것은 여러분의 가장 높은 기능과 중추 신경을 무기력하게 만듭니다. 즉, 모든 통제력을 마비시키는 것입니다. 그 결과 여러분 안에 있는 정신 능력의 균형이 깨지기 때문에 여러분은 마치 더 많은 힘을 가지게 된 것처럼 느낍니다.

그러나 사실은 그렇지 않습니다. 알코올이 통제력을 마비시키기 때문에 한동안은 몸이 자유롭게 풀어지는 것 같지만, 결국 여러분은 더욱 지치게 됩니다. 이 얼마나 교묘합니까!

다시 약물 용어로 설명하겠습니다. 우리는 알코올을 마시면 몸이 따뜻해지는 것을 느낍니다. 그것은 누구나 잘 알고 있습니다. 그러나 책이나 전문가들의 말을 들어 보면, 절대로 술을 마신 후에는 차가운 공기 속으로 나가지 말라고 경고합니다. 왜 그렇습니까? 알코올은 여러분이 생각하듯이 실제로 몸 안에 있는 열을 증가시키는 것이 아니기 때문입니다.

우리가 알코올을 마시면 열감을 느끼지만 실제로 알코올은 몸의 표면 혈관을 팽창시켜 열을 잃어버리게 만듭니다. 알코올이 몸에 더 많은 열을 공급하기 때문이 아니라 몸의 열을 배출시키기 때문에, 여러분은 기분이 좋고 따뜻하며 편안함을 느끼는 것입니다. 그러나 결국에는 더욱 추위를 느껴 감기에 쉽게 걸리게 됩니다.

그것은 죄의 속성을 잘 보여 줍니다. 죄는 언제나 우리에게서 중요한 것을 빼앗아 갑니다. 죄가 빼앗아 가는 것을 몇 가지 보여 드리겠습니다.

죄는 언제나 우리에게서 순결함을 빼앗아 갑니다. 아담과 하와는 죄를 짓기 전까지는 순결했습니다. 그러나 사탄의 말에 귀를 기울이는 순간 그들은 순결함을 잃었습니다.

제 말씀을 오해하지 마십시오. 저는 『피터 팬』을 쓴 배리(J.M. Barrie)의 철학을 받아들이는 것이 아닙니다. 그러나 세상에는 상대적인 순결함이 있습니다. 그리고 우리 모두는 그 순결함을 가지고 세상을 살아갑니다. 그러나 죄를 짓는 순간에 여러분은 순결함을 잃어버립니다.

죄는 우리에게서 순결함과 순수함을 빼앗아 갑니다. 또한 죄는 우리에게서 고상함을 빼앗아 갑니다. 죄를 가지고 장난치고 범하는 순간 우리는 고상함을 잃어버립니다. 여러분이 죄를 지을 때 언제나 조야(粗野)하고 거친 것이 뒤따라옵니다. 우리는 사람들의 얼굴에서 그것을 볼 수 있습니다.

죄가 얼마나 끔찍한지요! 죄가 사람의 얼굴을 얼마나 거칠게 만드는지요! 사람이 계속해서 죄를 지을 수는 없습니다. 그러나 우리는 그 사람의 눈에서, 피부에서, 손에서 죄를 봅니다. 그의 몸속 모든 곳에 거칠고 조야한 것이 있습니다. 즉, 죄가 우리에게서 고상함을 빼앗아 가기 때문입니다.

또한 죄는 항상 우리에게서 균형과 판단력을 빼앗아 갑니다. 그것은 술을 약간 마신 연사가 저녁 식사 후에 뛰어난 재기를 발휘하는 것을 유일하게 설명해 줍니다. 그는 남달리 탁월하거나 재기가 뛰어난 사람이 아니었습니다. 그러나 알코올이 그의 통제력을 무너뜨리자 평소 같으면 하지 않았을 말들을 하는 것입니다.

그의 말을 듣는 사람들도 마찬가지입니다. 그들은 모두 완벽한 균형과 판단력을 잃어버렸습니다. 그래서 연사가 하는 말을 경이롭다고 생각합니다. 그들은 술이 없이는 즐거운 연회 분위기를 낼 수 없다고 말합니다. 그것은 평소와 같은 통제 상태에서는 그들이 즐거움을 느낄 수 없다는 것을 의미합니다. 그렇다면 편안한 마음을 얻기 위해서 그들은 먼저 마약을 해야 합니다.

죄는 이렇게 우리에게서 균형과 판단력을 **빼앗아** 갑니다. 그래서 알코올을 조금이라도 마시면 절대로 자동차를 운전해서는 안 된다는 법조항을 지켜야 하는 것입니다. 극소량의 알코올을 마셔도 그것이 여러분의 판단력에 영향을 미칠 것입니다. 여러분은 균형을 잃었기에 사물을 똑바로 볼 수 없게 됩니다.

또한 죄는 우리에게서 내면의 평안을 **빼앗아** 갑니다. 죄를 짓는 순간에 양심이 작용하기 시작하고, 여러분은 불행해집니다. 아담과 하와가 죄를 짓는 순간 얼마나 불행해졌습니까! 그것은 우리 모두에게도 마찬가지입니다.

처음에 우리의 삶은 놀라움으로 가득했습니다. 오직 기쁨과 행복과 커다란 흥분만이 있었습니다. 그러나 죄를 짓는 순간에 우리는 불행과 후회로 가득 차게 됩니다. 그것을 자세히 다루지는 않을 것입니다. 단지 언급하는 것만으로도 충분합니다.

죄를 짓는 순간에 우리는 평안을 잃어버립니다. 기쁨을 잃어버립니다. 그리고 계속해서 죄 안에 거한다면, 결국 육체의 건강마저 잃어버릴 것입니다. 그러나 죄가 가진 더욱 비극적이고도 파괴적인 면은 우리에게서 좋은 것들을 알아보는 분별력을 빼앗아 가 버린다는 것입니다.

죄로 물든 삶을 사는 사람들은 성경과 선한 책들에서 좋은 것을 보지 못합니다. 그들은 성도의 삶의 가치를 올바르게 평가하지 못합니다. 오히려 그들에게는 성도로서의 삶이 지루하게 보일 뿐입니다.

그들은 선하고 고상하며 정신을 고양시키는 모든 가치 있는 것을 분별하지 못합니다. 그들은 시와 음악 등에 대한 올바른 인식도 잃어버립니다. 그러나 이 그림은 죄에 대해 그보다 더 놀라운 것을 보여 줍니다. 습관적이고 만성적인 죄에 빠진 사람들은 선한 것에 대한 분별력을 잃어버릴 뿐만 아니라 악한 것에 대한 분별력도 잃어버린다는 것입니다.

저는 한때 마약 중독자였던 한 사람을 알고 있습니다. 그가 왜 마약을 했는지 아십니까? 매우 단순한 이유 때문이었습니다. 처음에 그는 술을 너무 많이 마셔서 급기야는 (그의 말을 빌자면) '술에서 도저히 벗어날 수가 없을 정도'로 상태가 심각해졌습니다. 그러나 그는 결국 술을 끊었습니다. 그런데 그만 마약에 손을 대고 말았습니다. 그가 술을 끊고 나서는 술에서 더 이상 즐거움을 얻을 수 없었기 때문에 다른 것을 찾아야 했던 것입니다.

이것이 생명이 없는 사람들의 모습입니다. 그들은 끊임없이 잘못된 자극을 구합니다. 그러나 그것은 생명을 빼앗는 결과를 가져올 뿐입니다. 그러면 그들은 계속해서 더 강력한 것을 구합니다.

죄가 우리의 것을 계속해서 빼앗아 감으로써 결국 빈껍데기로 만드는 속성을 잘 보여 주는 글귀가 바이런(Byron)의 시에 나옵니다. 그는 세상이 줄 수 있는 죄를 한껏 맛본 자였습니다. 물론 그는 위대하고도 천재적인 시인이었습니다. 그러나 그리스도인이 아니었습니다. 그는 죄인이고 세상에 속한 사람이었으며 행악자였습니다.

1824년, 그는 서른여섯 번째 생일을 맞아 축배를 들었습니다. 그러나 그는 '이날에 나는 내 서른여섯 해를 마친다'라는 시를 썼습니다. 그는 서른여섯 해의 대부분을 하나님을 모른 채 세상적인 삶을 살아온 사람이었습니다. 다음은 그가 쓴 시입니다.

"나의 날들은 노랗게 빛 바랜 잎이라네."

그는 겨우 서른여섯이었습니다! 바이런은 사랑을 한껏 맛본 자였습니다. 그는 돈 주앙(Don Juan)처럼 수많은 사랑을 경험했습니다. 그러나 서른여섯의 나이에 그는 이렇게 말합니다.

"사랑의 꽃과 열매는 사라져 버리고
벌레와 암종과 슬픔만이
내게 남았다네!"

그토록 젊은 나이가 감당하기에 그것은 얼마나 비참하고 두려운 상황입니까! 그러나 사실 얼마나 많은 사람이 그런 상황에 처해 있는지요!

"내 가슴을 좀먹는 불길은
화산섬처럼 외롭다네.
화장용 장작더미 위에서도
아무런 불길도 타오르지 않는다네."

가엾은 바이런! 서른여섯에 그토록 비참하고 절망적인 상태에 이르다니요! 그의 날들은 이미 노랗게 빛 바랜 낙엽이 되고 말았습니다. 꽃과 열매는 사라지고 흥분과 전율, 자유와 기쁨은 이미 오래전에 기억의 저편에 묻혀 버리고 말았습니다.

"그들은 그들의 모든 음식물을 싫어하게 되어 사망의 문에 이르렀도다"(18절).

바이런은 죄의 병에 걸려서 지쳤을 뿐만 아니라 인생에도 지쳐 있었습니다. 인생이 그렇게 끝이 납니다. 그의 인생은 화장용 장작더미 위에 있습니다. 알맹이는 다 없어지고 껍데기만 남아 있습니다. 바이런은 지쳐 버렸습니다. 그는 완전히 기진맥진한 상태입니다. 그에게는 아무것도 남아 있지 않았습니다. 죄는 그에게서 모든 것을 빼앗아 갔습니다.

그는 인생에서 어떤 흥미도 찾을 수 없었습니다. 아무것도 그에게 흥미를 주지 못했습니다. 그가 살아가는 이유였던 사랑마저 사라져 버렸습니다. 이제 그는 인생의 쓰레기 더미 위에 놓여 있습니다.

"미련한 자들은 그들의 죄악의 길을 따르고 그들의 악을 범하기 때문에 고난을 받아, 그들은 그들의 모든 음식물을 싫어하게 되어 사망의 문에 이르렀도다"(17,18절).

생기와 소망을 잃은 지친 모습! 그들은 삶에 지쳐 있습니다.

아무것도 없이 죽어 가는 모습, 모든 것을 빼앗기고 아무것도 남아 있지 않은 모습입니다.

그것이 죄가 우리에게 하는 일입니다. 죄는 우리를 위축시켜 거부하게 만듭니다. 그리고는 우리를 쓰레기 더미 속으로 던져 버립니다.

여러분도 알다시피, 저는 이 시편을 설명하기 위해 성경의 말씀뿐만 아니라, 여러분이 원한다면 언제라도, 신문의 지면을 차지하고 있는 이야기들을 예로 들 수 있습니다. 신문 지면에서도 우리는 그런 모습을 얼마든지 볼 수 있습니다!

여러분은 바로 그런 삶을 살고 있습니다. 그리고 그 결과는 자명합니다. 그러므로 우리에게 복음을 주신 하나님께 감사하십시오!

"그들은 그들의 모든 음식물을 싫어하게 되어 사망의 문에 이르렀도다. 이에 그들이 그들의 고통 때문에 여호와께 부르짖으매 그가 그들의 고통에서 그들을 구원하시되"(18,19절).

하나님의 치유와 구원

치유와 구원이 가능합니까? 병마에 잠식당해서 모든 생명력과 건강, 힘과 능력을 잃고 죽어 가는 사람이 정말 무엇인가를 할 수 있습니까? 대답은 "네, 가능합니다!"입니다.

"그가 그의 말씀을 보내어 그들을 고치시고 위험한 지경에서 건지시는도다. 여호와의 인자하심과 인생에게 행하신 기적으로 말미암아 그를 찬송할지로다"(20,21절).

그것이 무엇을 의미합니까? 그것은 복음의 아주 오래된 이야기입니다. 그들이 부르짖자 하나님께서 어떻게 하셨습니까?

"그가 그의 말씀을 보내어 그들을 고치시고."

그 말씀이 무엇입니까? 바로 복음의 말씀입니다. 사도 베드로는 첫 번째 편지에서 그것에 대해 이렇게 이야기합니다.

"오직 주의 말씀은 세세토록 있도다 하였으니, 너희에게 전한 복음이 곧 이 말씀이니라"(벧전 1:25).

화목케 하는 말씀, 그것이 그리스도가 하시는 일입니다. 예수님은 왕의 신하의 아들을 고쳐 주셨습니다. 예수님은 단지 말씀만 하셨을 뿐입니다. 그런데 그 아들이 치유를 받았습니다.[2] 예수님이 곧 말씀이기 때문입니다! 그분은 하나님의 말씀입니

---

2. 요 4:46-50 예수께서 다시 갈릴리 가나에 이르시니 전에 물로 포도주를 만드신 곳이라. 왕의 신하가 있어 그의 아들이 가버나움에서 병들었더니 그가 예수께서 유대로부터 갈릴리로 오셨다는 것을 듣고 가서 청하되, 내려오셔서 내 아들의 병을 고쳐 주소서 하니 그가 거의 죽게 되었음이라. 예수께서 이르시되 너희는 표적과 기사를 보지 못하면 도무지 믿지 아니하리라. 신하가 이르되 주여 내 아이가 죽기 전에 내려오소서. 예수께서 이르시되 가라 네 아들이 살아 있다 하시니 그 사람이 예수께서 하신 말씀을 믿고 가더니.

다. 그리고 바로 그분이 치명적인 질병을 고치기 위해 이 세상에 오셨습니다.

그분이 어떻게 치유하셨습니까? 그분은 먼저 육체의 질병을 고치십니다. 그것을 우리에게서 가져가십니다. 그분은 병의 근원을 없애고 진행을 멈추게 하십니다.

죄가 제거되다

사람들이 가장 먼저 필요로 하는 것은 죄악을 제거하는 것, 독을 제거하는 것입니다. 예수님은 그 일을 하기 위해 하늘에서 이 땅으로 내려오셨습니다. 예수님은 끔찍한 질병의 독을 우리에게서 뽑아내기 위해 오셨습니다. 그것은 곧 자신의 죽음을 의미합니다.

예수님은 여러분과 제가 용서받게 하기 위해 죽으셨습니다. 그분은 우리를 하나님과 화목하게 하기 위해 죽으셨습니다. 그분의 말씀은 '화목하게 하는 말씀'이었습니다. '이는 하나님께서 그리스도 안에 계시사 세상을 자기와 화목하게 하시며 저희의 죄를 저희에게 돌리지 아니하시기' 위한 것이었습니다(고후 5:19 참고).

건강이 회복되다

하나님께 감사를 드립니다. 예수님은 거기에서 멈추지 않으셨습니다! 치유는 그 이상의 것을 의미합니다. 치유는 건강의 회복을 의미합니다.

"그가 그의 말씀을 보내어 그들을 고치시고"(20절).

그리스도는 어떻게 치유하십니까? 치유에 대한 신약의 교리는 단지 우리의 죄가 용서받는 데서 그치지 않습니다. 그것은 우리가 계속해서 새로운 생명을 받는다고 말합니다.

성경은 치유에 대한 신약의 교리를 거듭남의 교리라고 부릅니다. 우리는 다시 태어날 수 있습니다. 예수님이 우리 안에 새로운 생명을 불어넣어 주시는 것입니다. 예수님은 우리에게 새로운 시작을 주십니다. 예수님은 죽음과 무덤, 지옥의 문턱에서 우리를 건지시고 새생명을 주십니다. 그리하여 우리는 새사람이 됩니다.

그분은 우리가 새롭게 설 수 있도록 해 주십니다. 우리는 새로운 생기와 새로운 능력, 새로운 분별력과 새로운 갈망을 소유하게 됩니다. 예수님은 우리를 새로운 생명과 새로운 존재로 채우십니다. 그것이 그분이 치유하시는 방법입니다.

"그분은 무효화된 죄의 권세를 깨뜨리시네.

그분은 죄수를 자유롭게 풀어 주시네."[3]

찰스 웨슬리(Charles Wesley)

예수님은 우리에게 하나님의 생명을 주십니다. 그리고 우리를 '신의 성품에 참여하는 자'[4]가 되게 하십니다. 이제 우리는 새로운 피조물입니다.

"그런즉 누구든지 그리스도 안에 있으면 새로운 피조물이라. 이전 것은 지나갔으니, 보라. 새것이 되었도다"(고후 5:17).

우리는 병상에서 내려옵니다. 그리고 밖으로 나와 사명을 받고 그것을 행할 능력을 받습니다. 그뿐만이 아닙니다. 예수님은 우리에게 건강과 기쁨을 넘치도록 채워 주십니다. 시편 기자가 그것을 어떻게 표현하는지를 봅시다.

"그가 그의 말씀을 보내어 그들을 고치시고 위험한 지경에서 건지시는도다. 여호와의 인자하심과 인생에게 행하신 기적으로 말미암아 그를 찬송할지로다. 감사제를 드리며 노래하여 그

---

3. 역자주 – 우리나라에서는 '만 입이 내게 있으면'(찬 23장)이라는 찬송가로 불려지고 있습니다. 여기에 소개된 부분은 그 찬송가의 4절에 해당되는 부분입니다.

4. 벧후 1:4 이로써 그 보배롭고 지극히 큰 약속을 우리에게 주사 이 약속으로 말미암아 너희가 정욕 때문에 세상에서 썩어질 것을 피하여 신성한 성품에 참여하는 자가 되게 하려 하셨느니라.

가 행하신 일을 선포할지로다"(20-22절).

주 예수 그리스도는 여러분이 단지 죽음의 고비를 넘기며 병상에서 좀 더 나은 마음 상태를 갖게 하시는 분이 아닙니다. 결코 그렇지 않습니다! 그분은 질병을 제거하시고 여러분에게 새 생명을 주십니다.

그것은 대단히 경이롭고 전율을 느끼게 합니다. 여러분이 과거에 소망 없이 지친 채로, 마치 바이런처럼 '노랗게 빛 바랜 잎'의 상태에 있었다면, 지금은 완전히 그와 정반대에 있는 것입니다. 주 예수 그리스도는 말씀하십니다.

"내가 온 것은 양으로 생명을 얻게 하고."

그러나 그분은 거기에서 멈추지 않으셨습니다.

"내가 온 것은 양으로 생명을 얻게 하고 더 풍성히 얻게 하려는 것이라"(요 10:10).

전에는 비참함만이 있던 곳에 이제는 생명과 건강, 활기와 능력, 기쁨과 즐거움이 넘쳐납니다.

"슬퍼하는 자에게 화관을 주어 그 재를 대신하며 기쁨의 기름으로 그 슬픔을 대신하며 찬송의 옷으로 그 근심을 대신하시고"(사 61:3).

근심의 자리에 기쁨의 영이 임합니다. 진정한 건강, 생기 넘치는 성품이 임합니다. 나약한 사람이 비틀거리면서 인생의 길을 걷는 것이 아니라, 성령의 능력으로 충만한 사람이 그리스도 예수 안에서 즐거워하면서 살아가는 것, 그것이 바로 복음의 메시지입니다!

사랑하는 여러분, 여러분은 어떻습니까? 여러분은 어떻게 느낍니까? 여러분은 삶의 길을 제대로 걸어가고 있습니까? 아니면 병상에 누워 있습니까? 영적으로 지쳐 있습니까? 기진맥진해 있습니까? 삶의 흥미를 잃어버렸습니까?

여러분은 때때로 자신에게 이렇게 말합니까? "차라리 죽고 싶다." 오늘날 얼마나 많은 사람이 그런 말을 하는지요! "차라리 죽는 게 낫다. 이 고통에서 벗어날 수만 있다면."

여러분은 생기를 잃어버렸습니까? 즐거움을 잃어버렸습니까? 모든 것을 잃어버렸습니까? 여러분은 단지 존재할 뿐, 서서히 죽어 가고 있습니까? 여러분 안에 있는 암종이 생기를 잠식해 가고 있습니까?

만일 여러분이 그런 상태에 있고 스스로를 일으켜 세우려는 모든 노력에도 지쳐 버렸다면, 여러분이 세상에서 의지하는 것을 포기했다면 제 말씀에 귀를 기울이십시오. 하나님께 부르짖으십시오! 하나님은 여러분을 치료할 수 있는 유일한 분입니다. 여러분의 상황이 어떠하든지 상관이 없습니다.

여러분은 자신의 문제와 어려움을 저에게 말씀하실 수도 있습니다. 그러나 저는 그 문제와 어려움이 무엇이냐 하는 데는 관심이 없습니다. 하나님께 말씀드릴 때, 하나님이 여러분을 구원하실 것입니다. 하나님이 여러분을 고쳐 주실 것입니다. 하나님은 여러분을 자기와 화목케 하실 것입니다. 하나님은 여러분에게 그 일을 하신 분이 하나님이라는 것을 알게 하실 것입니다. 여러분의 죄가 사함받은 것을 알게 하실 것입니다.

여러분은 새생명을 얻은 자신을 보면서 놀랄 것입니다. 여러분은 새사람이 될 것입니다. 여러분은 새로운 관심, 새로운 기쁨을 소유하게 될 것입니다. 그리고 전에는 알지 못했던 새로운 모습을 자신에게서 발견할 것입니다. 그분이 여러분에게 생명과 건강, 온전함과 숙련이라는 은사를 내려 주실 것이기 때문입니다.

그분은 여러분을 지키고 먹이실 것입니다. 그리고 여러분이 이 세상을 살아가는 동안 영적인 건강을 위하여 하나님의 법칙과 원칙에 따라 살도록 도와주실 것입니다. 그리고 삶을 마치는 날, 그분은 여러분을 친히 받아 주시고 끝없는 영광으로 인도해 가실 것입니다.

이 예배를 마치고 나가는 분 가운데 여전히 불행과 비참함 속에서 생명력을 잃고 패배감에 빠져 있는 분이 있을지도 모른다는 생각만으로도 제 마음은 슬퍼집니다.

사랑하는 여러분, 이 시편에 나오는 사람들처럼 고통 중에서 여호와께 부르짖으십시오. 그러면 하나님께서 여러분을 고통에서 구원하실 것입니다. 여러분이 자신의 죄 때문에 지금의 모습이 되었음을 인정하고 고백하십시오. 회개하십시오. 그것을 인정하고 고백하십시오. 어떤 변명도 하지 말고 모두 인정하십시오.

그리고 하나님이 여러분을 위해, 바로 여러분의 죄 때문에 자기 아들을 보내사 죽게 하셨음을 믿으십시오! 여러분에게 새생명을 주실 것이라는 그분의 말씀을 믿으십시오. 회개하십시오. 믿으십시오. 그러면 여러분은 그것이 진리임을 알게 될 것입니다.

잔혹한 폭풍

배들을 바다에 띄우며 큰 물에서 일을 하는 자는 여호와께서 행하신 일들과 그의 기이한 일들을 깊은 바다에서 보나니 여호와께서 명령하신즉 광풍이 일어나 바다 물결을 일으키는도다. 그들이 하늘로 솟구쳤다가 깊은 곳으로 내려가나니 그 위험 때문에 그들의 영혼이 녹는도다. 그들이 이리저리 구르며 취한 자같이 비틀거리니 그들의 모든 지각이 혼돈 속에 빠지는도다. 이에 그들이 그들의 고통 때문에 여호와께 부르짖으매 그가 그들의 고통에서 그들을 인도하여 내시고 광풍을 고요하게 하사 물결도 잔잔하게 하시는도다. 그들이 평온함으로 말미암아 기뻐하는 중에 여호와께서 그들이 바라는 항구로 인도하시는도다. 여호와의 인자하심과 인생에게 행하신 기적으로 말미암아 그를 찬송할지로다. 백성의 모임에서 그를 높이며 장로들의 자리에서 그를 찬송할지로다.

시 107:23-32

시편 기자는 죄가 언제나 같은 방식으로 나타나는 것이 아님을 보여 줍니다. 죄는 여러 가지 모양을 지니고 있습니다. 예를 들어, 병실을 둘러보십시오. 첫 번째 침대에 누워 있는 사람을 보십시오. 그는 버팀목에 의지해 헐떡거리면서 숨을 쉬고 있습니다. 그는 폐렴을 앓고 있으며 절망적인 상태에 있습니다.

두 번째 침대에 있는 사람을 보십시오. 그는 납작하게 누워 있습니다. 그에게서는 어떤 움직임도, 어떤 몸부림도 찾아볼 수가 없습니다. 사실 그가 살아 있는지조차 구분하기가 어렵습니다. 그가 아직 숨을 쉬고 있습니까? 그는 미동조차 없이 조용하기만 합니다.

첫 번째와 두 번째 침대에 누워 있는 두 사람은 겉으로 보기에는 확연히 달라 보이지만, 그들 모두 아프다는 공통점을 가지고 있습니다. 그들은 모두 병든 상태에 있습니다. 겉으로 병증이 확연하게 드러나는가, 아니면 조용한가의 차이는 중요하지 않습니다.

중요한 것은 두 사람 모두 병에 걸렸고, 극적으로 약을 투여해서 회복시키지 않는 한 두 사람 모두 똑같이 무기력하고 무능력하다는 것입니다. 그것이 바로 시편 107편에 등장하는 사람들의 모습입니다.

그림4 - 광풍

이제 우리는 네 번째이자 마지막 그림을 살펴볼 것입니다. 우리는 이제 더 이상 광야에도, 감옥에도, 병실에도 있지 않습니다. 우리가 어디에 있습니까? 우리는 높은 파도가 일렁이는 바다 한가운데 있습니다. 시편 기자는 전체 상황을 극적으로 묘사하면서 가장 생생하고도 살아 있는 그림을 보여 줍니다. 그 그림은 무시무시한 폭풍이 이는 바다의 모습입니다.

우리는 바다 위에 떠 있는 한 척의 배를 봅니다. 지금 그 배는 극도의 어려움에 처해 있습니다. 성난 파도와 사납게 울부짖는 광풍이 배를 세차게 내리치며 뒤흔들고 있습니다. 시편 기자가 그것을 어떻게 묘사하는지를 주목하십시오.

"여호와께서 명령하신즉 광풍이 일어나 바다 물결을 일으키는도다"(25절).

여러분은 대서양의 높은 파도를 본 적이 있습니까? 거대한 파도가 다가오는 것을 본 적이 있습니까? 산더미처럼 높이 솟아올랐다가 부서지며 포효하는 파도를 본 적이 있습니까? 시편 기자는 그것을 묘사하고 있습니다. 지금 그 산더미같이 높은 파도가 산산조각 낼 듯한 기세로 한 작은 배 위로 부서져 내립니다.

시편 기자는 계속해서 배 위에 있는 사람들을 묘사합니다. 다음의 묘사는 파도가 아닌 배 위의 사람들에 대한 것임을 분명히 기억하십시오.

"그들이 하늘로 솟구쳤다가 깊은 곳으로 내려가나니"(26절).

이것은 파도에 대한 묘사가 아닙니다. 물론 파도도 그와 같이 묘사될 수 있을 것입니다. 그러나 그 묘사는 배 위에 있는 사람들에 대한 것입니다. 다음 구절에 "그들이 하늘로 솟구쳤다가 깊은 곳으로 내려가나니 그 위험 때문에 그들의 영혼이 녹는도다"라고 나와 있기 때문입니다.

폭풍 치는 바다 위에 놓인 경험을 해 본 사람은 누구나 이것이 무엇을 의미하는지를 잘 알 것입니다. 그들은 무서운 파도 때문에 몸이 들렸다가 다시 아래로 곤두박질칩니다. 몸이 위로 올라갔다가 다시 내려오고 앞으로 갔다가 뒤로 갑니다. 끔찍하고 두려운 상황이 벌어지는 것을 완벽하게 묘사하고 있는 것입니다.

시편 기자는 "그 위험 때문에 그들의 영혼이 녹는도다"라고 말할 뿐만 아니라 그들이 깊은 고통의 상태에 있다고 말합니다. 그들의 생명이 세차게 부서지는 파도에 전적으로 맡겨져 있는 것 같습니다. 그들은 어찌할 바를 모릅니다. 그들의 몸은 위로 솟구쳐 올랐다가 아래로 곤두박질칩니다.

그뿐만이 아닙니다. 시편 기자는 계속해서 이들에 대해 더 자세하고 정확하게 묘사합니다.

"그들이 이리저리 구르며 취한 자같이 비틀거리니"(27절).

그들은 술에 취한 것이 아닙니다. 그러나 사나운 파도가 배를 내리칠 때마다 그들은 몸의 균형을 잃고 이편에서 저편으로 내동댕이쳐집니다.

여러분은 그들을 보고 "그 사람은 술에 취해 균형 감각을 잃어버렸어"라고 말합니다. 그러나 사실은 그렇지 않습니다. 그들이 이리저리 흔들리는 것은 폭풍 때문입니다. 배를 이리저리 흔들며 내리치는 큰 파도 때문입니다.

마지막으로 시편 기자는 그들이 '비틀거린다' 라고 말합니다. 그것을 이해하는 것은 매우 중요합니다. 그것은 그들이 어찌할 바를 모른다는 것을 의미합니다. 그들이 모든 노력을 기울여 보았지만 속수무책입니다. 전혀 소망이 없습니다. 선원들과 항해사, 항해의 모든 전문가가 온갖 방법을 다 써 보아도 아무 소용이 없습니다.

배는 속수무책으로 파도에 이리저리 흔들릴 뿐입니다. 그리고 언제라도 침몰할 것 같은 위기에 처해 있습니다. 그들은 다음 순간에 무슨 일이 일어날지를 모릅니다. 그들이 출발했던 항구와는 멀리 떨어져 있습니다. 그들은 철저히 운명에 내맡겨져 있습니다.

아마도 그들은 엄청난 파도가 닥쳐와 자신들을 집어삼킬 것이라고 생각할 것입니다. 아니면 배가 두 동강이 날지도 모릅니다. 결국 파도가 집어삼킨 배는 시야에서 사라져 다시는 보이지 않게 될 것입니다.

그러나 시편 기자가 말하려고 하는 것은 그것이 아닙니다. 그는 거대한 폭풍과 두려운 재앙 속에서 다음과 같이 말합니다.

"이에 그들이 그들의 고통 때문에 여호와께 부르짖으매 그가 그들의 고통에서 그들을 인도하여 내시고 광풍을 고요하게 하사 물결도 잔잔하게 하시는도다. 그들이 평온함으로 말미암아 기뻐하는 중에 여호와께서 그들이 바라는 항구로 인도하시는도다"(28-30절).

그것은 우리 주님이신 구주 예수 그리스도의 복음 메시지에 대한 구약의 극적인 표현입니다. 시편 기자는 무엇보다 먼저 현실을 보여 줍니다. 그러나 시편을 쓰는 그의 궁극적인 목적은 전체를 다 읽었을 때 명백해집니다. 그것은 구원의 메시지를 제시하는 것입니다.

시편 기자가 말하려고 하는 것은, 어떤 곤경, 어떤 상황에 처해 있든지 진정으로 하나님께 부르짖기만 하면 그분이 구원하신다는 것입니다.

신약에 이에 대한 또 다른 예가 있습니다. 그것은 마가복음에 나오는, 우리 주님이 제자들과 함께 배를 타고 계실 때의 일입니다. 예수님은 너무 피곤한 나머지 고물에서 베개를 베고 주무시고 계셨습니다. 그때 큰 광풍이 일어나면서 물결이 부딪쳐 배에 물이 들어와 가득하게 되었습니다. 제자들은 어떻게든 이 상황을 해결해 보려고 했습니다. 그러나 상황은 점점 더 악화되기만 했습니다. 그들은 예수님께 달려가서 말했습니다.

"선생님이여, 우리가 죽게 된 것을 돌보지 아니하시나이까 하니, 예수께서 깨어 바람을 꾸짖으시며 바다더러 이르시되 잠잠하라 고요하라 하시니, 바람이 그치고 아주 잔잔하여지더라"(막 4:38,39).

이것은 역사 속에서 일어난 실제의 사건이었습니다. 그러나 그것은 또한 중요한 메시지를 전하기 위한 그림입니다. 그 메시지는 바로 구원의 소식입니다. 오늘날 이 세상에 선포된 기독교 복음의 메시지입니다.

힘겨운 인생의 항해

이 그림이 무엇을 뜻합니까? 먼저 그것을 다른 방식으로 제시한 다음에 복음의 메시지로 제시하겠습니다. 이 그림은 시편 기자가 죄의 결과를 보여 주는 네 가지 그림의 또 다른 그림일 뿐입니다. 좀 더 구체적인 것을 원한다면 다음과 같이 제시할 수 있습니다. 이 그림은 삶의 폭풍과 맞서고 있는 연약한 사람들에 대한 그림입니다.

이 그림에서는 죄를 더 이상 과녁을 놓치는 것으로 그리지 않습니다. 또한 종의 신분과 속박이나 우리에게서 영적인 성품의 정수를 빼앗고 좀먹는 질병으로 죄를 그리지도 않습니다. 저는 시편 기자가 이 그림에서 죄의 폭력성을 묘사하고 있다고 생각합니다. 그것은 죄가 언제나, 그리고 필연적으로 이끌어 가는 혼돈입니다.

다가오는 혼돈

이런 그림은 성경에 매우 흔하게 등장합니다. 그리고 찬송가에서도 매우 흔하게 볼 수 있는 그림입니다. 찬송가 작사가들은 완벽하게 복음을 제시하기 위해서 이런 그림을 즐겨 채택합니다.

이 그림에서는 세상을 살아가는 것이 항해에 비유됩니다. 우리가 세상에 태어나는 것은 인생의 배에 오르는 것입니다. 우리가 배 위에 발을 내딛자 배는 곧 항구를 떠나 드넓은 바다로 나아갑니다. 처음에 바다는 아주 잔잔합니다. 태양은 찬란하게 빛나고 악단은 멋진 음악을 연주합니다. 우리는 놀랍고도 멋진 항해에 대한 기대로 마음이 설렙니다.

우리는 첫 항해를 시작했습니다. 전에 배를 타 본 적이 전혀 없습니다. 많은 승객이 함께 배에 타고 있습니다. 우리는 이 놀라운 시간을 가장 뜨거운 열망을 품고 고대합니다. 우리에게는 한창 피어나는 젊음이 있습니다.

우리는 아무런 문제도 일어나지 않을 것이라는 충만한 자신감을 가지고 출발합니다. 아무 일도 일어나지 않을 것입니다. 먹구름이 하늘을 덮는 일은 없을 것입니다. 그 무엇도 아름답고 눈부시게 빛나는 햇살을 가릴 수 없을 것입니다. 그토록 찬란하고 눈부시게 빛나는 태양을 누가 가릴 수 있겠습니까?

바다는 어떻습니까? 바다는 잔잔한 은빛 거울과도 같습니다! 아무것도 그토록 잔잔한 바다 위에 잔물결을 일으킬 수 없습니다. 모든 것이 잘되어 갈 것입니다. 물론 우리는 곤경에 빠졌던 사람들에 대해 들었습니다. 우리는 폭풍에 대해서도 들었고 구명 보트가 필요하다는 말도 들었습니다. 그렇지만 그들은 운이 좀 없었을 뿐입니다.

우리는 그들과는 다릅니다. 아무 문제도 없을 것이며 아무 일도 일어나지 않을 것입니다. 모든 것이 놀라울 정도로 잘 이루어질 것이고, 우리는 안전하게 목적지에 도착할 것입니다. 우리는 많은 것을 새롭게 발견했고 발명했습니다. 우리는 조상들이 전혀 몰랐던 새로운 기계와 장비들로 만반의 준비를 갖추고 있습니다. 그런 막강한 장비로 무장한 우리에게 무엇이 문제이겠습니까?

우리는 타이타닉을 기억합니다. 그때 우리는 아무것도 그 배를 침몰시킬 수 없을 것이라고 확신했습니다. "빙산이 부딪쳐 오면 어떻게 합니까?"라고 누군가가 묻자 그들은 자신 있게 말했습니다.

"물론 우리도 빙산에 대한 것을 잘 알고 있습니다. 그러나 이 배는 배 안에 또 다른 배가 있는 구조입니다. 그러므로 이 배가 빙산과 충돌한다고 해도 바깥쪽 면만 충격을 받을 뿐 안쪽 면은 여전히 건재할 것입니다."

침몰할 수 없는 배! 과학적 진보의 쾌거! 우리는 항상 진보하고 있습니다. 따라서 우리가 항해를 할 때에는 아무런 문제도 일어나지 않을 것임을 충분히 확신할 수 있다고 말합니다.

제가 낭만적인 이야기를 하고 있는 것입니까? 단지 저의 상상력으로 꿈같은 모습을 그리고 있는 것입니까? 자신의 삶을 들여다보십시오. 자신의 경험으로 돌아가 보십시오. 우리는 모두 이런저런 이유를 내세워 자신의 상황은 다른 사람들과 다르게 전개될 것이라고 생각합니다. 그리고 드디어 인생의 길을 떠납니다!

그러나 불행하게도 이야기의 끝은 달라집니다. 우리는 얼마 가지 않아 바다가 잔잔하지 않다는 것을 발견하기 시작합니다. 조금씩 잔물결이 일기 시작합니다. 사람들 가운데 불안과 동요가 일기 시작합니다.

우리는 이른 아침에 '잔물결이 일기 시작함'이라고 쓰인 보고서를 읽습니다. 계속해서 '조금씩 물결이 높아지고 거칠어짐'이라는 보고서가 올라옵니다. 그리고 상태는 더욱 악화됩니다. 우리가 앞으로 나갈수록 우리의 상황이 결국 우리보다 앞서 살았던 이들과 비슷하게 전개된다는 것을 알게 됩니다.

험난한 항해

그것을 교리적인 형태로 제시하겠습니다. 삶은 평탄한 항해가 결코 아닙니다. 성경은 그것을 우리에게 분명히 말해 줍니다. 그러하기에 성경은 하나님의 말씀입니다.

이 세상의 모든 것이 우리에게 우리의 항해가 평탄할 것이라고 말합니다. 상황이 어떠하든지 모든 것이 좋아질 것이라고 말합니다. 그리고 정말로 어려움이 없는 세상이 존재할 수 있다고 생각하게 만듭니다. 세상은 그것을 믿습니다. 그러나 그것은 죄의 무지함에 기초한 세상의 치명적인 낙관주의입니다.

성경은 다르게 말합니다. 성경은 처음부터 적나라하게 우리의 실체를 보여 줍니다. 그리고 삶이 고난의 장소라고 말합니다. 삶은 폭풍이 치는 바다입니다. 오, 여러분은 그런 말을 듣고 싶어하지 않을지도 모릅니다. 그런 말은 우리를 우울하게 만들고 절망에 빠지게 한다고 말할지도 모릅니다. 그러나 문제는 무엇이 진실이냐는 것입니다.

역사책들을 보십시오. 그리고 그것을 성경과 다른 문학의 빛 속으로 가지고 와 보십시오. 여기에 진실이 있습니다. 삶은 폭풍이 치는 바다입니다. 그리고 우리는 그런 폭풍의 한가운데를 지나갑니다. 왜 그렇습니까? 성경은 그 고난의 이유를 한 가지로 말합니다. 그것은 바로 성경이 죄라고 부르는 것 때문입니다. 인간의 본성적인 불순종 때문에 우리가 이런 고난에 처하게 된 것입니다.

성경은 얼마나 단순하고도 직접적입니까! 사람들은 이런저런 이유로 어려움에 처했다고 말합니다. 그러나 그렇지 않습니다! 성경은 하나님께 대한 인간의 불순종 때문에 우리가 어려움에 처한 것이라고 말합니다. 불순종이 문제를 가져오기 시작하는 것입니다.

불순종에 대한 하나님의 대답은 공의와 거룩함 속에서 "여호와께서 명령하신즉, 광풍이 일어나 바다 물결을 일으키는도다"

(25절)라는 것입니다. 그것은 심오한 신비이며 진실입니다. 세상은 결코 고난에 빠지기를 원하지 않았습니다. 그러나 인간의 죄와 불순종 때문에 세상은 고난의 바다가 되고 말았습니다.

누군가가 저에게 질문합니다. "이런 인생의 폭풍으로써 당신이 말하려는 것이 무엇입니까?" 제가 그것을 더 실제적인 방식으로 제시하겠습니다.

여러분을 술 취한 사람처럼 비틀거리게 만든 것들을 몇 가지 상기시켜 드릴까요? 무엇이 여러분을 마구 흔드는 거칠고 높은 파도를 삶 속에 일으켰는지를 말씀드릴까요? 우리를 흔드는 인생의 폭풍은 무엇입니까?

안팎의 폭풍

여러분 안에서 일어나는 것들을 생각해 보십시오. 열기의 폭풍을 생각해 보십시오. 그 열기는 여러분을 뒤흔듭니다. 열기의 폭풍과 파도 속에서 흔들리는 사람들을 본 적이 있습니까? 그들은 분노에 빠진 사람들입니다.

또 다른 열정의 파도가 있습니다. 바로 정욕의 파도입니다. 정욕의 높은 파도는 여러분을 세차게 몰고 갑니다. 그리고는 내동댕이칩니다. 여러분은 작은 돛단배처럼 무기력하게 이리저리 흔들립니다.

'열정과 자기 의지의 폭풍'에 대해 말하는 찬송가가 있습니다. 아이가 부모에게 거역하는 모습을 본 적이 있습니까? 아이는 무엇인가를 하고 싶어하지만 부모는 안 된다고 말합니다. 아이의 열정은 폭풍입니다. 이리저리 내동댕이치는 큰 파도가 일어납니다. 아이는 그 열정의 파도에 사로잡혀 있습니다. 부모도 마찬가지 상태에 있을 것입니다.

여러분은 여러분의 마음속에서 파도만큼이나 거세게 이런 감정들이 일어나는 것을 모릅니까? 그 파도들은 평소에는 전혀 보이지도 않고 존재하지도 않는 것 같습니다. 그러나 그런 파도들은 항상 우리 안에 내재합니다. 그리고 그 파도가 우리를 덮칠 때, 우리는 자신이 무엇을 하고 있는지도, 어디에 있는지도 의식하지 못합니다.

이번에는 밖에서 밀려오는 파도를 생각해 보십시오. 유혹을 생각해 보십시오. 여러분은 겉으로 보기에는 매우 잔잔하게 보입니다. 여러분은 탁월한 사고 능력을 지녔을지도 모릅니다. 여러분은 성경을 읽고 있었는지도 모릅니다. 하나님께 기도하고 있었는지도 모릅니다. 여러분은 사랑하는 사람과 함께 시간을 보내고 있었는지도 모릅니다.

여러분은 인생의 아름다운 것들에 대해 이야기하고 있었는지도 모릅니다. 유명한 그림을 보거나 아름다운 음악을 듣고 있었는지도 모릅니다. 여러분은 잔잔하고 차분합니다. 그리고 이제 일어나 집을 향해 가고 있습니다. 그런데 갑자기 자신이 어디에 있는지를 깨닫기도 전에 유혹의 물결이 밀려와 사정없이 여러분을 내리칩니다. 그것이 인생입니다.

여러분은 그날 밤 폭풍이 몰아칠 것이라고는 꿈에도 예상하지 못했습니다. 그러나 현실은 그렇지가 않았습니다! 제자들은 그날 갈릴리 호수에서 배를 탔을 때 폭풍이 있을 것이라고 생각하지 않았습니다. 그러나 갑자기 어딘지도 모르는 곳에서 바람이 거세게 불어와 큰 폭풍이 일었고 제자들을 덮쳤습니다.

그것은 오늘날 우리를 갑자기 덮쳐 오는 유혹입니다. 여러분을 덮쳐 오는 유혹의 파도는 인생에서 예상치 못한 순간에 찾아옵니다!

그 폭풍을 시련과 고난으로 생각해 보십시오. 그 폭풍을 질병으로 생각해 보십시오. 그 폭풍을 재정적인 손실이나 실직 등으로 생각해 보십시오.

여러분은 평탄한 행로를 유지하면서 길을 갑니다. 다시 항해에 비유한다면, 안정된 항해를 유지하며 나아갑니다. 그리고 모든 것이 잘되어 가고 있다고 생각했습니다. 그런데 갑자기 여러분이 아래로 곤두박질쳤습니다. 여러분이 병이 들어 침대에 눕게 된 것입니다.

여러분은 다음에는 무슨 일이 일어날지 몰라 당황해합니다. 지위를 잃을 수도 있고, 돈을 잃을 수도 있으며, 어떤 사람이 여러분을 무너뜨릴 수도 있습니다. 혹은 누군가가 여러분을 배반할지도 모릅니다. 이렇게 다양한 모습으로 우리를 공격하는 시련은 끝이 없습니다.

우리를 공포로 몰아넣는 전쟁에 대한 소문들이 있습니다. 20세기에 이미 두 번이나 일어났던 전쟁을 생각해 봅시다. 1914년의 첫 몇 개월의 삶을 생각해 보십시오. 누가 폭풍이 다가오고 있다고 꿈에라도 생각했습니까? 바다는 더할 나위 없이 잔잔했습니다. 영국은 더할 나위 없이 부강했습니다. 전 세계가 진보하고 있었으며 경이로운 발전을 이루고 있었습니다. 우리는 인생의 갑판 위에서 햇살을 누리고 있었습니다.

그런데 갑자기 겉으로 보기에는 아무것도 아닌 사소한 사건에서 문제가 시작되었습니다. 세르비아같이 작은 나라에서 일어난 사건으로 인해 세계 대전이 일어났고, 큰 파도가 우리를 덮쳐 왔습니다. 우리는 바다 한가운데서 이리저리 흔들리고 있었습니다. 그것은 2차 세계대전이 일어난 1939년에도 마찬가지였습니다.

오늘날은 어떻습니까? 우리는 폭풍 치는 바다 위에 있습니다. 우리는 원자력의 위력에 대해 듣습니다. 사람들은 오늘날 위대한 철학자들의 말에 솔깃해하며 반응합니다.

저는 버트런드 러셀이 「맨체스터 가디언」(*Manchester Guardian*, 지금은 가디언)에 편지를 기고한 심정을 이해합니다. 그는 그 편지에서 '포모사(Formosa, 지금의 대만)의 위기[1]가 해결되지 않는다면 우리 모두가 올해가 가기 전에 죽을 것'이라고 말했습니다. 물론 제 의견은 그와 다릅니다. 그것은 단지 그의 의견일 뿐입니다.

그러나 그것이 폭풍이 아니라면 무엇이 폭풍입니까? 여러분은 폭풍이 일어나는 것을 봅니다. 파도와 큰 너울이 다가오는 것을 봅니다. 그리고 그것들은 거칠게 부서지며 우리를 사정없이 내리칩니다.

여기에 작은 돛단배가 있습니다. 그리고 그 배를 타고 여러분은 인생의 항해를 출발했습니다. 저는 지금 특별히 젊은이들에게 말씀드립니다. 여러분은 자신이 그런 파도치는 세상에 있게 될 것이라고 생각해 보았습니까? 그런 파도는 여러분 밖에 있

---

1. 역자주 – 러셀이 기고한 '포모사의 위기'가 정확하게 무엇을 의미하는지는 알 수 없지만, 이 설교가 전해진 1955년 즈음에 중국과 대만의 갈등이 심화된 일을 염두에 둔 것인 듯합니다. 중국은 1954년부터 대만의 금문도, 마조도 등을 포격하고 위협했습니다. 결국 1955년 미국의회에서는 '대만 방위 결의안'이 통과되어 대통령에게 무력 사용 권한을 부여했으며, 소련은 원자로를 중국 등 4개국에 제공하는 협정을 맺었습니다.

습니다. 여러분의 미래는 불확실합니다. 여러분은 앞으로 어떤 일이 일어날지 궁금해합니다.

내맡겨진 인생

제가 강조하고 싶은 것은, 이 모든 것을 통해서 우리는 우리의 존재가 이 세상에서 작용하는 강한 힘의 뜻에 전적으로 달려 있음을 의식한다는 것입니다.

시편 기자는 철저히 무기력한 작은 배를 그리고 있습니다. 그 배의 운명은 파도와 너울, 사나운 바람과 폭풍에 전적으로 달려 있습니다. 성경은 그것이 죄가 항상 우리를 인도하는 곳이라고 말합니다. 그리고 우리가 삶을 다스리는 것이 아니라 삶이 우리를 다스린다고 말합니다.

우리는 자신이나 세상을 통제할 수 없습니다. 오히려 우리의 안팎에 있는 다른 힘과 요인들의 통제를 받고 있습니다. 우리는 거칠게 맞고 이리저리 내동댕이쳐집니다. 물론 모든 사람이 이에 동의하지는 않을 것입니다. 시인 헨리(Henley)는 다음과 같이 말합니다.

"깊은 수렁처럼 어둡게
우리를 덮고 있는 밤에서 나와

정복할 수 없는 내 영혼을 위하는 어떤 신에게든

나는 감사한다."

그는 "당신이 무엇을 말하든지 내 영혼을 정복할 수는 없습니다. 내 영혼을 결코 다스릴 수 없을 것입니다"라고 말합니다.

"잔인한 현실의 움켜진 손아귀 속에서

나는 두려움에 움츠러들지도 않았고 큰 소리로 부르짖지도 않았다.

우연이라는 인생의 채찍질 아래

내 머리는 피투성이가 되었지만

고개를 숙이지는 않았다."

아, 가엾은 헨리는 무엇이 자신의 인생을 다스리고 있는지를 깨닫지도 못한 채 고백했습니다. 저는 그에게 이렇게 묻고 싶습니다. 만일 그가 철저한 통제 안에 있다면, 어떻게 그의 머리가 피투성이가 될 수 있다는 말입니까? 왜 그의 이마와 얼굴에서 피가 흐릅니까?

'우연이라는 인생의 채찍질 아래', 이것이 제가 말씀드리는 것입니다. 그는 채찍질에 맞았습니다. 그는 얻어맞고 괴롭힘을 당했으며 멍이 들었습니다. '내 머리는 피투성이가 되었지만',

즉 그는 상처를 받았습니다. 눈부신 햇살 아래 인생의 길을 출발했고, 모든 것이 잘될 것이라고 확신하며 책임과 통제 안에 있던 그가 말입니다!

그러나 그가 하는 말을 계속 들어 보십시오.

"문이 얼마나 좁은지는 중요하지 않다.
인생의 두루마리가 아무리 많은 형벌로 가득해도
나는 내 운명의 주인이다.
나는 내 영혼의 선장이다."

윌리엄 어니스트 헨리(William Ernest Henley, 1849-1903)

가엾고 어리석은 자여! 자신이 운명의 주인이라니요! 다시 묻겠습니다. 그렇다면 왜 그의 머리에서 피가 흐릅니까? 왜 그가 바다의 포효하는 격랑을 멈출 수 없습니까? 왜 그가 바다를 잔잔하게 할 수 없습니까? 자신이 운명의 주인이라면, 왜 그가 항구에 도착하지 못합니까?

그가 자신의 영혼의 선장입니까? 그가 조종사입니까? 그의 엔진이 여전히 작동합니까? 그의 나침반이 여전히 움직입니까? 그의 항해 일지는 어떻습니까? 그가 어디에 있습니까? 그는 그런 것에 대해 아무것도 모릅니다.

헨리가 쓴 시는 단지 어둠 속에서 용기를 내기 위해 일부러 휘파람을 부는 자의 모습일 뿐입니다. 그는 자신이 어디로 가고 있는지를 모릅니다. 자신의 삶과 운명을 통제하지도 못합니다. 그는 전혀 스스로를 통제하지 못합니다. 탐욕, 열정, 욕망, 유혹과 시험, 고난을 전혀 통제하지 못합니다. 그런데도 그는 자신을 자기 영혼의 선장이라고 말합니다!

지각이 혼돈하도다

시편 기자의 그림은 완벽한 묘사입니다. 이런 상황들은 결국 어떻게 이어집니까?

"그들이 이리저리 구르며 취한 자같이 비틀거리니."

이 얼마나 놀라운 묘사입니까! 사람들은 삶 속에서 이런 일들을 경험할 때 지배력과 통제력을 잃어버리기 시작합니다. 그들은 자신의 강한 의지력을 자랑했습니다. 또한 자신이 마음먹은 일은 무엇이든지 할 수 있다고 장담했습니다.

그러나 그들은 자신의 의지력이 생각했던 것만큼 강하지 못하다는 것을 깨닫습니다. 그들은 지배력을 잃어버립니다. 통제력도 잃어버립니다. 처음에는 가볍게 흔들리지만 점점 악화되어 마침내 그들은 비틀거리기 시작합니다. 그러자 모든 것이 불확실해집니다. 그들은 이리저리 구릅니다. 자신이 어디에 있는지도 모릅니다. 그들은 방향 감각을 잃어버렸습니다. 그들은 통제력을 완전히 잃어버렸습니다.

제가 가장 강조하고 싶은 것은, 그들의 '지각이 혼돈하도다'라는 것입니다. 그것이 가장 중요한 메시지입니다. 성경은 삶을 정직하게 대면했을 때 인간의 지혜는 아무 소용이 없다고 말합니다. '지각이 혼돈하도다'라는 표현이 의미하는 것이 바로 그것입니다.

지각이 무엇입니까? 그것은 인간의 지혜입니다. 인간의 이해력입니다. 인간의 능력입니다. 계획하는 능력, 치료법을 적용하는 능력입니다. 그것이 인간의 지각입니다. 인간은 지각과 지식, 명민함, 지성, 이해력으로 살아갑니다.

따라서 사람들의 지각이 혼돈하다는 것은 자신이 할 수 있는 일을 모두 했지만 아무 소용이 없었음을 의미합니다. 그들은 머리를 짜내어 모든 방법을 생각해 냈습니다.

"우리가 무엇을 할 수 있을까? 작은 짐들을 배 밖으로 던져 보자. 배가 가벼워질 거야. 돛을 더 활짝 펴 보자. 다른 돛도 더 달아 보자. 장비를 바꾸어 보자. 항로를 변경해 보자."

그들은 모든 것을 해 보았습니다. 그러나 아무 소용이 없었습니다. 그들의 지각은 혼돈합니다.

그것은 성경 전체가 말하는 근본적이고도 중요한 명제입니다. 그것은 사람들이 세상의 삶 속에서 죄의 결과로 철저히 당황하고 실패한다고 말하는 것입니다. 오, 그들은 수세기 동안 인생의 배를 안전하고 확고하게 하려고 온갖 노력을 기울였습니다. 철학자와 시인들의 글을 읽어 보십시오. 과학의 업적에 대한 책을 읽어 보십시오. 정치가의 전기를 읽어 보십시오. 국제 회합에 가 보십시오.

그들이 무엇에 대해 말합니까? 그들이 하는 것은 단지 폭풍 속에 있는 배를 통제하려고 시도하는 것뿐입니다. 그들은 어떻게 해서든지 질서와 잔잔함을 가져오려고 시도하고 있습니다. 그리고 지금도 여전히 그 일을 하고 있습니다.

그러나 성경은 그들이 이해하지 못한다고 말합니다. 그들은 지각이 혼돈합니다. 그들은 문제의 원인을 모릅니다. 그러기에 치료약을 알맞게 사용할 수도 없습니다. 그들의 모든 계획은 결국 실패할 뿐입니다. 낙관적인 예언에도 불구하고 아무런 해결도 일어나지 않습니다.

사람들은 최선을 다했습니다. 그리고 이제는 지쳐 있습니다. 모든 생각과 명석함을 다 기울였지만 오히려 폭풍은 전보다 더욱 사납게 으르렁거리고 있습니다. 그것이 바로 오늘날의 상황이 아닙니까?

사람들의 영혼은 위험으로 인하여 녹습니다. 오늘날 대부분의 사람은 삶에 대해 철저하고도 완전한 공허감을 느낍니다. 그들에게는 전혀 소망이 없습니다. 그들은 결국 인류가 방황하다가 재앙을 만날 것이라고 말합니다.

끝이 다가오고 있지만 아무것도 할 수가 없습니다. 물에 빠져 죽는 것 외에는 할 수 있는 일이 아무것도 없습니다. 문명의 철저한 몰락이 우리를 기다리고 있습니다. 모든 것이 마지막 재앙 속에서 침몰하고 있습니다. 우리는 침몰하고 있습니다.

성경은 그것을 예언합니다. 세계 역사는 그것을 증명합니다. 그렇다면 우리에게 아무런 소망도 남아 있지 않은 것입니까? 저는 이미 여러분에게 그 대답을 드렸습니다. 그 대답은 모든 그림에 등장합니다.

"이에 그들이 그들의 고통 때문에 여호와께 부르짖으매 그가 그들의 고통에서 그들을 인도하여 내시고"(28절).

그들은 곧 침몰할 위기에 처해 있었습니다. 항구의 흔적은 어디에도 보이지 않았습니다. 부두도 보이지 않았습니다. 대서양 한가운데서 길을 잃은 채 곧 침몰할 위기에 처해 있었습니다. 우리의 문명이 그 같은 처지에 있습니다. 세상이 그 같은 처지에 있습니다. 인간도 그 같은 처지에 있습니다. 우리는 자신이 어디에 있는지도 모릅니다.

우리는 인내를 잃어버렸습니다. 우리는 북극성도 볼 수가 없습니다. 달도 완전히 사라져 버린 것 같습니다. 태양은 며칠째 보이지 않습니다. 안개만이 자욱할 뿐입니다. 모든 것이 잘못 되어 가고 있습니다. 우리가 어디에 있는지 전혀 알 길이 없습 니다! 우리는 이제 곧 침몰할 위기에 처해 있습니다. 그런데 그 때 하나님께 부르짖는 자들이 있습니다. 그러자 하나님께서 그 들을 '그 고통에서 인도하여 내십니다.'

하나님의 구원

그것이 기독교의 전체 이야기입니다. 세상에 오신 하나님의 아들의 이야기입니다. 모두가 길을 잃고 헤맬 때 이 일이 일어 났습니다.

"모든 것이 죄요, 수치였을 때

두 번째 아담이 싸워 이기고

구원하기 위해 오셨네."[2]

존 헨리 뉴먼(John Henry Newman)

---

2. 역자주 – 존 헨리 뉴먼의 유명한 찬송시 '지극히 거룩하신 분을 찬양하라' (Praise to the holiest in the height)의 일부분입니다.

이 그림을 보십시오. 작은 배가 무기력하게 흔들리면서 곧 침몰할 것 같은 위기에 놓여 있습니다. 주인과 다른 모든 사람이 소망을 버렸습니다. 선장도 포기했습니다. 배를 버렸습니다! 소망이 전혀 없는 것입니다!

그때 갑자기 뜻하지 않게 기적적으로 항해사가 갑판 위로 걸어옵니다. 그러자 모든 상황이 즉시 달라집니다. 이 극적인 묘사를 잘 들어 보십시오.

"광풍을 고요하게 하사 물결도 잔잔하게 하시는도다. 그들이 평온함으로 말미암아 기뻐하는 중에 여호와께서 그들이 바라는 항구로 인도하시는도다"(29, 30절).

누군가가 말합니다. "아, 이 얼마나 놀라운 동화 같은 이야기이며 시적인 상상력인가! 이것은 사실이 아니다!" 그러나 그것은 명백한 사실입니다. 그것이 그리스도인의 경험입니다. 그것이 바로 하나님께서 행하시는 일입니다.

무엇보다도 놀라운 것은 하나님이 친히 오신다는 것입니다. 왜 하나님은 세상을 그대로 포기하지 않으셨습니까? 세상은 하나님을 대적해 죄를 지었습니다. 세상은 스스로 비참함에 빠졌습니다. 그리고 자신이 행동한 결과를 수확하고 있을 뿐입니다. 그런데 왜 하나님이 개입하십니까? 왜 하나님이 세상을 바라보셨습니까? 하나님이 세상을 보고 개입하신다는 것, 그것이 메시지입니다.

"하나님이 세상을 이처럼 사랑하사 독생자를 주셨으니, 이는 그를 믿는 자마다 멸망하지 않고 영생을 얻게 하려 하심이라" (요 3:16).

잔잔해지다

하나님은 바다 한가운데 떠 있는 배를 보십니다. 그리고 어떤 상황이 벌어지고 있는지를 보십니다. 하나님은 자신의 독생자를 보내십니다. 그러자 독생자께서 바다를 잔잔하게 하십니다.

"광풍을 고요하게 하사 물결도 잔잔하게 하시는도다"(29절).

그것이 주 예수 그리스도께서 언제나 우리에게 행하시는 일입니다. 예수님을 만나는 순간 여러분에게 처음으로 일어나는 일은, 잔잔함을 느끼게 된다는 것입니다. 그분은 우리를 잔잔함으로 초대하십니다.

"수고하고 무거운 짐 진 자들아, 다 내게로 오라. 내가 너희를 쉬게 하리라"(마 11:28).

예수님은 잔잔함과 평안을 주십니다. 그분은 어떻게 잔잔함과 평안을 주십니까? 그것이 복음 메시지의 본질입니다. 여러분이 절망과 고통 속에서 그분을 향하는 순간, 여러분은 즉시 모든 상황이 달라짐을 깨닫습니다. 어떻게 그런 일이 가능하니까? 예수님께 무엇인가가 있기 때문입니다.

그분은 우리의 상황을 알고 계십니다. 뿐만 아니라 그분은 우리를 이해하십니다. 그분은 지식을 가지고 계십니다. 그분은 힘을 가지고 계십니다. 그리고 그분은 능력을 가지고 계십니다. 여러분이 어떤 문제로 몸부림치고 있을 때 그런 경험을 해보지 않았습니까?

저는 그런 예를 끝도 없이 말씀드릴 수 있습니다. 어린아이였을 때 산수나 기하학, 혹은 다른 과목의 문제를 풀어 보려고 애쓰던 때를 기억합니까? 여러분이 그 문제를 도저히 풀 수가 없으면 여러분은 절망에 빠져 극도로 흥분하게 됩니다. 그때 그 문제를 잘 풀 수 있는 어떤 사람이 다가와 말합니다. "좋아. 어디 좀 보자. 이것이 첫 번째 풀이이고……." 그러자 그 문제가 갑자기 아주 단순하게 보입니다. 금세 모든 문제가 해결됩니다. 그리고 여러분의 마음이 잔잔해집니다!

혹은 여러분이 어떤 문제에 직면했는데, 어찌할 바를 모르고 지각이 혼돈할 때가 있지 않습니까? 그때 갑자기 한 친구가 나타나서 말합니다. "괜찮아. 잠깐만……." 그리고 문제가 해결되자 여러분의 동요와 흥분은 눈 녹듯이 사라져 버립니다.

저는 어떤 사람이 수술을 하려고 시도하던 모습을 기억합니다. 그 가엾은 사람은 그다지 뛰어난 전문의가 아니었습니다.

그는 두려움과 혼란에 빠져 있었습니다. 그때 마침 다른 의사가 들어와서 상황을 보게 되었습니다. 그는 "지금 여기서 무엇을 하고 있는 겁니까?"라고 물었습니다. 그리고는 나중에 들어온 의사가 수술을 하기 시작했습니다.

그러자 모든 것이 단순해졌습니다. 그에게는 수술이 얼마나 단순하고도 쉽게 보였는지요! 그는 전문가였습니다. 전문가가 수술을 하는 것을 보면서 여러분은 자신도 그 전문가처럼 잘할 수 있을 것이라고 느낍니다.

삶의 다른 영역에서도 마찬가지입니다. 전문가에게는 상황을 잔잔하게 만드는 능력이 있습니다. 그래서 여러분이 삶의 한가운데서 막 가라앉을 것처럼 느낄 때, 그리스도가 여러분을 찾아오시면 여러분은 즉시 모든 상황을 다 알고 계시는 분이 곁에 계심을 느끼게 됩니다.

여기에 모든 상황을 이해하시는 분이 계십니다. 여기에 지옥의 큰 파도가 으르렁거리는 가장 절망적인 순간에도 폭풍과 직면한 분이 계십니다. 그분은 모든 파도를 통과하셨습니다. 그리고 마침내 안전하게 항구에 도착하셨습니다. 그분이 배 위에 올라 통제하고 계십니다. 우리를 이해하고 우리의 모든 것을 알고 계시는 그분이 삶을 다스리십니다.

우리는 자신의 과거 때문에 상심합니다. 우리는 뒤에서 다가

와 우리의 작은 돛단배를 뒤흔드는 파도를 제거할 수 없습니다. 그때 그분이 말씀하십니다.

"괜찮아, 내가 너를 대신해서 죽었단다. 나는 내 생명을 그 죄 때문에 내놓았단다. 나는 스스로 너를 책임졌단다. 네 과거는 깨끗하게 지워졌고 모두 용서받았단다."

그러자 우리가 말합니다.

"이쪽에서 다가오고 있는 파도를 보세요. 제가 어떻게 이런 삶을 살아갈 수 있나요?"

그분이 말씀하십니다.

"내가 너와 함께할 것이다."

"미래에서 다가오는 저 파도들을 보세요. 집채만 한 파도들이 저를 향해 다가오는 것이 보여요. 저는 바다 깊숙한 곳에 빠지고 말거예요."

그분이 말씀하십니다.

"그렇지 않아. 그렇지 않단다. 내가 너를 버리지 아니하고 너를 떠나지 않을 거야."[3]

그것이 그분이 하시는 일입니다. 폭풍이 어디에서 오느냐 하

---

3. 히 13:5 돈을 사랑하지 말고 있는 바를 족한 줄로 알라. 그가 친히 말씀하시기를 내가 결코 너희를 버리지 아니하고 너희를 떠나지 아니하리라 하셨느니라.

는 것은 중요하지 않습니다. 큰 파도가 어디에서 일어나는지도 전혀 중요하지 않습니다. 그분이 배 위에 계시면 잔잔함이 깃들기 시작합니다.

"예수님의 팔 안에서 안전하리.
예수님의 다정한 품 안에서 안전하리."[4]
프란시스 제인 반 앨스타인(Frances Jane Van Alstyne)

구약에서 제시하듯이 폭풍 속에서 모든 기초가 무너진 것처럼 느껴질 때 '그 영원하신 팔이 우리 아래 있습니다.'[5] 따라서 우리는 결코 실패하지 않을 것입니다.

시편 기자는 또한 평온함이라는 단어를 사용합니다.

"그들이 평온함으로 말미암아 기뻐하는 중에"(30절).

그것은 모든 경우, 모든 예측할 수 없는 사건에서 모든 것을 충족시키는 그리스도를 뜻합니다. 바울이 그것을 표현하는 방

---

4. 역자주 - 우리나라에서는 '주 예수 넓은 품에' (찬 417장)라는 찬송가로 불려지고 있습니다. 프란시스 제인 반 앨스타인은 본명 대신 프란시스 제인 크로스비(F.J. Crosby)라는 필명을 사용했습니다.
5. 신 33:27 영원하신 하나님이 네 처소가 되시니 그의 영원하신 팔이 네 아래에 있도다. 그가 네 앞에서 대적을 쫓으시며 멸하라 하시도다.

법을 저도 좋아합니다.

"내가 궁핍하므로 말하는 것이 아니니라. 어떠한 형편에든지 나는 자족하기를 배웠노니"(빌 4:11).

평온함, 평온한 생각, 평온한 마음! 그것은 시편 112편 7절에서 "흉한 소문을 두려워하지 아니함이여"라고 말하는 사람의 모습입니다. 어떻게 그것이 가능합니까? 그에게는 그 무엇도 방해할 수 없는 내면의 평온과 평강이 있기 때문입니다.

그에게는 삶의 새로운 관점이 있습니다. 역사의 전체 과정을 꿰뚫는 새로운 통찰력이 있습니다. 그는 자신이 하나님과 좋은 관계에 있다는 것을 알고 있습니다. 그러하기에 세상에서 무슨 일이 일어나든지, 그는 아무것도 염려하지 않을 것입니다. 평온을 누릴 것입니다!

"그들이 평온함으로 말미암아 기뻐하는 중에"(30절).

"내게 능력 주시는 자 안에서 내가 모든 것을 할 수 있느니라"(빌 4:13).

소원의 항구로 인도되다

시편 기자는 마지막에 "여호와께서 그들이 바라는 항구로 인도하시는도다"(30절)라고 선포합니다. 하나님은 우리에게 새생명과 새로운 방향 감각을 주십니다. 그리고 제가 성경을 이해할 수 있게 도와주십니다. 성경은 삶의 항해에서 우리가 반드시 따라야 할 하나님의 항해 일지입니다.

저는 저의 길을 봅니다. 제 경로를 도표로 그릴 수도 있습니다. 저는 어디로 가야 할지, 무엇을 피해야 할지를 모릅니다. 다만 계속 곧바로 나아갈 뿐입니다. 그러나 저는 염려하지 않습니다. 그분이 나와 함께하시기 때문입니다. 그분은 결코 저를 떠나지 않으십니다. 그분은 제 작은 돛단배의 항해사입니다. 저는 그분 안에 있고, 그분은 제 안에 계십니다.

그분은 저를 성령으로 충만하게 하십니다. 그리고 계속해서 그분의 손을 제 머리 위에 두실 것입니다. 그분은 저의 배를 영원한 항구로 인도해 가실 때까지 결코 그 손을 거두지 않으실 것입니다.

다음의 말씀은 제가 보통 우리 교회에서 아침 예배를 마칠 때 인용하는 말씀입니다.

"능히 너희를 보호하사 거침이 없게 하시고 너희로 그 영광 앞에 흠이 없이 기쁨으로 서게 하실 이"(유 1:24).

그분이 그 일을 하실 것입니다.

"여호와께서 그들이 바라는 항구로 인도하시는도다"(30절).

그들이 바라는 항구가 무엇입니까? 하나님, 천국, 영원한 복, 구원받고 자유를 얻은 사람들, 하나님과의 친밀한 관계, 영광을 누리는 것, 그것이 바로 항구입니다. 그분이 우리를 그 소원의 항구로 인도해 가실 것입니다.

그분은 시작하신 일을 결코 포기하지 않으십니다. 우리의 배 위에 오르신 그분은 결코 그 배를 떠나지 않으십니다. 그분은 항상 여러분과 함께하실 것입니다.

"내가 결코 너희를 버리지 아니하고 너희를 떠나지 아니하리라"(히 13:5).

"그들이 평온함으로 말미암아 기뻐하는 중에"라는 표현은 결코 놀라운 것이 아닙니다. 평온함과 기쁨은 그리스도인의 삶의 특징입니다. 그것은 그의 내면이나 외부의 상황이 다 잘되어 간다는 뜻이 아닙니다. 그것은 그리스도인이 다시는 절망하지 않을 것이라는 뜻입니다. 가장 혹독한 상황에서도 그리스도인은 세상이 결코 빼앗아 갈 수 없는 잔잔함과 평온함을 누릴 수 있습니다. 그리스도인에게는 세상이 줄 수도, 빼앗아 갈 수도 없는 기쁨이 있습니다.

제가 여러분에게 질문을 하나 드리는 것으로 끝을 맺을까요? 여러분은 이와 같이 말할 수 있습니까?

"강물 같은 평안이 나의 길을 함께 갈 때에도
슬픔의 파도가 밀려올 때에도

어떤 삶을 맞을지라도 나는 당신이 가르쳐 주신 것을 말하리.

모든 것이 내 영혼에 좋고 좋도다."6

호레이쇼 게이츠 스페퍼드(Horatio Gates Spafford)

이 시를 쓴 사람은 끔찍한 슬픔을 경험했습니다. 그는 네 명의 딸을 대서양 한복판에서 잃었습니다. 은행 파산으로 재산도 모두 잃었습니다. 그에게는 아무것도 남은 것이 없었습니다. 그러나 그는 거센 폭풍의 한가운데에서도 이렇게 말할 수 있었습니다.

"광풍을 고요하게 하사 물결도 잔잔하게 하시는도다. 그들이 평온함으로 말미암아 기뻐하는 중에"(29,30절).

사랑하는 여러분, 그의 고백을 어떻게 생각합니까? 여러분은 자신이 이 세상에서 어떻게 살아가고 있다고 생각합니까? 여러분이 폭풍의 한가운데 있습니까? 열정과 정욕, 욕망과 질투, 분노의 파도가 여러분을 공격합니까? 그 파도가 여러분을 때리고 뒤흔듭니까? 그래서 술 취한 사람처럼 비틀거리고 있습니까? 여러분은 골목에서 만나는 유혹의 먹이가 되어 있습니까? 여러

---

6. 역자주 – 우리나라에서는 '내 평생에 가는 길'(찬 413장)이라는 찬송가로 불려지고 있습니다.

분의 삶과 행복이 다른 사람들에게 달려 있습니까?

여러분은 상황과 운명에 흔들리고 있습니까? 아니면 잠잠히 평온을 누리고 있습니까? 여러분은 자신이 어디로 가고 있는지를 알고 있습니까? 나침반이 여전히 잘 작동하고 있습니까? 여러분이 타고 있는 배의 조타 장치가 제대로 작동하고 있습니까? 항구가 보입니까? 항구를 향해 안전하게 나가고 있습니까? 여러분은 자신이 어디에 있는지를 알고 있습니까?

이것은 아주 중요하고도 긴급한 질문입니다. 여러분이 얼마나 오래 살지 모르기 때문에 지금 여러분은 그 대답을 알아야 합니다. 여러분은 항구에서 마지막을 맞게 될 것을 확신합니까? 만일 여러분이 확신하지 못하며 두려움에 빠져 있다고 대답한다면, 큰 파도가 여러분을 사로잡고 있으며 자신이 어디로 가고 있는지를 모른다고 대답한다면, 예수님께 부르짖으며 이렇게 말하십시오.

"예수님, 내 영혼을 사랑하시는 분이여,
나로 당신의 품 안으로 피하게 하소서.
파도가 넘실거리는 동안
폭풍이 사납게 몰아치는 동안
나를 숨겨 주소서.

오, 내 구세주여, 나를 숨겨 주소서.

삶의 폭풍이 지나갈 때까지

항구로 안전히 날 인도해 주소서.

오, 마지막 순간에 내 영혼을 받아 주소서."

예수님께 구하십시오. 예수님께 탄원하십시오. 이 말들로 예수님께 부르짖으십시오. 그러면 그분이 여러분을 받아 주실 것입니다. 그리고 여러분은 이런 말로 끝을 맺을 것입니다.

"오, 그리스도여, 당신은 제가 원하는 모든 것입니다.

당신 안에서 저는 어떤 것과도 비교할 수 없는 것을 발견합니다.

쓰러진 자를 일으키고 힘이 없는 자를 격려해 주소서.

병든 자를 치유하고 눈먼 자를 인도하소서."

계속 간구하십시오.

"당신에게서 넘치는 은혜를 발견합니다,

제 모든 죄를 덮어 주시는 은혜를.

치유의 강물이 넘치게 하소서.

저를 그 강물로 순결하게 하시고 계속 순결하게 하소서.

당신은 생명의 샘이십니다.

저로 값없이 당신에게서 취하게 하소서.

제 안에서 당신의 샘이 솟아나게 하소서.

영원한 나라에서 일으키소서."[7]

찰스 웨슬리(Charles Wesley)

바다 한가운데서, 고뇌와 절망 속에서 그분께 부르짖으십시오. 그리하면 그분이 여러분을 절망에서 건져 주실 것입니다.

하나님의 이름을 찬양합니다. 우리를 그토록 사랑하신 영광의 하나님이 우리의 죄와 어리석음과 수치에도 불구하고 우리를 인도해 주기 위해, 우리를 영원한 항구로 이끌기 위해, 자신의 독생자를 보내 주셨기 때문입니다.

---

7. 역자주 – 우리나라에서는 '비바람이 칠 때와' (찬 388장)라는 찬송가로 불려지고 있습니다.

성경의 하나님

여호와께서는 강이 변하여 광야가 되게 하시며, 샘이 변하여 마
른땅이 되게 하시며, 그 주민의 악으로 말미암아 옥토가 변하여
염전이 되게 하시며, 또 광야가 변하여 못이 되게 하시며 마른
땅이 변하여 샘물이 되게 하시고, 주린 자들로 말미암아 거기에
살게 하사 그들이 거주할 성읍을 준비하게 하시고, 밭에 파종하
며 포도원을 재배하여 풍성한 소출을 거두게 하시며, 또 복을
주사 그들이 크게 번성하게 하시고 그의 가축이 감소하지 아니
하게 하실지라도 다시 압박과 재난과 우환을 통하여 그들의 수
를 줄이며 낮추시는도다. 여호와께서 고관들에게는 능욕을 쏟
아 부으시고 길 없는 황야에서 유리하게 하시나 궁핍한 자는 그
의 고통으로부터 건져 주시고 그의 가족을 양 떼같이 지켜 주시
나니, 정직한 자는 보고 기뻐하며 모든 사악한 자는 자기 입을
봉하리로다. 지혜 있는 자들은 이러한 일들을 지켜보고 여호와
의 인자하심을 깨달으리로다.   시 107:33~43

우리는 32절까지 이어지는 시편 기자의 네 가지 그림을 살펴보았습니다. 그러나 이 시편은 거기에서 끝나지 않고 33절에서 43절로 이어집니다. 왜 그가 계속 써 내려갑니까? 왜 그가 그림으로 끝내지 않습니까?

33절에서 43절까지는 이 시편의 본질적인 부분입니다. 다른 시편 기자들처럼, 그도 역시 우리의 쾌락이나 흥미를 위해 이 시편을 쓴 것이 아닙니다. 시편의 기자들은 하나님의 종이며 설교자였습니다. 또한 그들은 시적(詩的)인 은사를 받은 자입니다. 그래서 이런 특별한 형태로 가르침을 표현했습니다.

그들은 단순한 시인이 아니었습니다. 그들의 관심은 예술 자체에 있지 않았습니다. 오히려 그들은 사람들에게 적극적으로 메시지를 가르치고 전달하려고 했던 복음 전도자였습니다. 그래서 항상 초점을 잃지 않고, 사람들로 하여금 자신들이 말하는 것에 집중하고 그것을 적용하게 하려고 모든 관심을 기울였습니다.

이 시편 기자도 마찬가지입니다. 구조적으로 완벽한 대칭과 균형을 이루는 이 부분에서, 그는 시를 정리할 뿐만 아니라 메시지를 완벽하게 전달합니다. 그는 이 시편을 쓰면서 그가 갈망했던 곳으로 우리를 이끌어 갑니다. 즉, 그가 이런 질문을 던지는 것과 같습니다.

"여러분은 제가 말하고 있는 모든 것의 요점을 알겠습니까? 여러분은 혹시 저의 그림들에 너무 관심을 기울인 나머지 그것의 요점을 놓쳐 버린 것은 아닙니까? 여러분은 저의 예술성과 극적인 표현에 사로잡힌 나머지 단지 극적인 예술성과 그림, 흥분에 대해서만 생각하고 서로 이야기하지는 않습니까? 여러분은 진정으로 메시지를 깨달았습니까?"

그는 이렇게 묻고 있는 것과 같습니다. "여러분은 제가 전달하려고 한 것이 무엇인지를 정말로 깨달았습니까? 그렇지 않다면 저의 모든 수고는 헛된 것입니다."

그러나 그는 선한 교사처럼 우리를 위해 직접 교훈을 끌어냅니다. 그것이 성경의 특징이고 방식입니다. 그는 "이것이 제가 가르치려는 것입니다"라고 말합니다. 그는 전달하려는 가르침을 강조합니다. 그런 다음 33-42절에서 볼 수 있듯이 그 가르침에서 어떤 원칙들을 끌어냅니다. 그리고 마지막으로 호소력 넘치는 언어로 결론을 맺습니다.

"지혜 있는 자들은 이러한 일들을 지켜보고 여호와의 인자하심을 깨달으리로다"(43절).

이것이 그의 방식이며 이 시편의 분석입니다. 이런 구조를 통해 우리는 시편 기자가 우리에게 무엇을 하자고 청하는지를 정확하게 깨닫습니다.

성경

성경은 하나님의 생명의 책입니다. 성경에는 비교할 수 없이 아름다운 시들이 들어 있습니다. 또한 그에 못지않게 우리는 성경 안에서 놀라운 역사를 발견합니다. 성경은 모든 주제를 담고 있지만 백과사전은 아닙니다. 성경은 '생명의 책'이며 '영혼의 지침서'입니다.

성경은 하나의 위대한 메시지를 담고 있습니다. 그 메시지는 생명입니다. 그것은 어떤 삶을 살아야 하며 삶의 목적이 무엇이고, 어떻게 하면 그런 삶을 살 수 있는지에 대한 것입니다. 그것이 성경의 유일한 주제입니다. 여러분은 그것을 성경의 다른 모든 곳에서 발견할 수 있듯이, 이 시편에서도 발견할 수 있을 것입니다.

우리는 모두 세상 속에 살고 있습니다. 우리가 그것을 이 순간에도 생각하고 있다는 사실은, 이 세상에서의 삶이 우리가 묵상해야 할 중요한 주제라는 증거가 됩니다. 우리는 상황이나 모든 것을 있는 그대로 받아들이는 것에 만족하지 않습니다.

매우 많은 사람들이 한 발짝 떨어져서 인생과 자신을 들여다보며 "나는 이 세상을 살아가고 있다. 그러나 그 의미가 무엇인가? 그 목적이 무엇인가?"라고 묻습니다. 그리고 계속해서 스스로에게 말합니다.

"내가 이 세상을 살아가고 있을 뿐만 아니라 이 세상을 살 기회가 단 한 번밖에 없다는 것도 알고 있다. 나는 지금 이 순간 이곳에 있다. 그리고 어떤 의미에서 내가 다시는 하지 못할 무엇인가를 하고 있다."

그러하기에 삶은 소중하고 위대한 것입니다.

사려 깊은 사람이라면 모두 어떤 대단한 결론에 도달합니다. 그들은 놀라운 관점과 방식으로 삶과 자신을 보기 시작합니다. 또한 그들은 이 세상에서 우리에게 크고 작은 일들이 끊임없이 일어난다는 것을 잘 알고 있습니다. 우리는 폭풍 치는 바다의 그림에서 그것을 매우 분명하게 보았습니다.

성경은 고난과 사건으로 가득 차 있습니다. 삶은 문제의 연속이라고 해도 과언이 아닙니다. 위급한 상황과 시련이 우리의 삶을 찾아옵니다. 우리는 살아가면서 그런 일을 많이 경험합니다. 그러면서 세상의 일들에 대해 조금씩 알아 갑니다. 그런데 대개는 걱정과 근심이 그 뒤를 따라옵니다. 외부의 사건들이 우리를 찾아옵니다.

우리는 지금 이 순간에도 역사 속을 살아가고 있습니다. 세상에는 힘과 권력이 존재하며, 비록 우리와는 무관한 것처럼 보이는 사건이나 권력이라 하더라도 세상에서 일어나는 모든 것이 우리에게 영향을 미친다는 것을 알고 있습니다.

그러하기에 우리는 "아, 글쎄요, 그것은 나와는 아무 상관 없는 국제적인 문제입니다"라고 말할 수 없습니다. 국제적인 문제도 우리와 상관이 있습니다! 예를 들어 전쟁이 일어나면 우리의 삶이 영향을 받습니다. 우리의 모든 관계가 즉시 그 일과 연관되고 깨져 버립니다. 우리는 그러한 관계 속에서 삶을 살아갑니다.

한 사려 깊은 사람이 걸음을 멈추고 생각하다가 말합니다.

"이 모든 것이 무엇인가? 그것에 어떤 이유가 있는가? 그것을 어떻게 설명할 수 있을까? 그것에 대해 내가 무엇을 할 수 있는가? 어떻게 그것을 극복해 나갈 수 있을까? 어떻게 두 발로 서서 쓰러지지 않고 견딜 수 있을까? 무슨 일이 일어나고 있는지도 모르면서 어떻게 물속에 가라앉지도 않고서 회오리 바람에 휩쓸려 가지도 않고 살아갈 수 있을까?"

인간의 역사가 시작될 때부터 지혜롭고 사려 깊은 사람들은 존재했습니다. 그리고 그들은 항상 이런 질문을 던졌습니다.

"지혜가 어디에 있는가?"

욥은 시적으로 그것을 묻습니다.

"은이 나는 곳이 있고 금을 제련하는 곳이 있으며 철은 흙에서 캐내고 동은 돌에서 녹여 얻느니라"(욥 28:1,2). "그러나 지혜

는 어디서 얻으며 명철이 있는 곳은 어디인고?"(욥 28:12)

역사의 동이 틀 때부터 오늘날까지 그 질문은 인류의 위대한 추구, 위대한 노력, 위대한 부르짖음이었습니다.

시편 기자가 시편 107편을 쓴 것은 바로 그 질문에 답하기 위함입니다. 여러분에게 말씀드렸듯이 그는 단순히 놀라운 그림을 그리기 위해, 놀라운 예술 작품을 창조했다는 예술가로서의 만족을 얻기 위해 이 시편을 쓴 것이 아닙니다. 그는, 우리가 시간을 보내기 위해 돈을 지불하고 감탄하며 둘러보는 전시 작품으로서 찬사를 받기 위해 이 시편을 쓴 것이 아닙니다.

결코 그렇지 않습니다! 그는 인생의 고난이 무엇인지를 아는 자입니다. 셰익스피어가 썼듯이, 인생이 '잔인한 운명의 돌팔매와 화살' 임을 아는 자입니다.

그가 이 시편을 쓸 수 있었던 것은 바로 하나님의 선하심과 인자하심 속에서 참된 지혜로 인도함을 받았기 때문입니다. 그는 그 참된 지혜를 우리에게 전달하려고 했습니다. 그는 "나는 지혜를 발견했습니다. 나는 그것을 알고 있습니다"라고 말합니다. 그는 우리도 그 지혜를 알기를 원합니다. 그래서 메시지를 준비하고 선포합니다.

"지혜 있는 자들은 이러한 일들을 지켜보고."

그렇게 할 때 우리는 하나님의 지혜를 '이해하며' '여호와의 인자하심'을 경험하기 시작할 것입니다.

하나님과의 관계

그의 메시지가 무엇입니까? 여러분을 위해 이제 그것을 요약하겠습니다. 그는 계속해서 그림을 통해 메시지를 표현합니다. 그리고 자신이 끌어낸 원칙들을 강조합니다. 그가 지혜가 있다고 말하는 곳이 어디인지를 잘 들어 보십시오. 그곳에 삶의 문제를 이해하고 푸는 열쇠가 들어 있습니다.

그는 결국 하나님과의 관계가 가장 중요하다고 말합니다. 그것이 성경에서 수없이 많이 말하는 위대한 주제입니다. 그리고 특별히 시편에서는 그 주제를 즐겨 다룹니다. 하나님과의 관계는 대개 다음과 같이 아주 담대하게 제시됩니다.

"여호와를 경외함이 지혜의 근본이라"(시 111:10).

그것을 깨닫지 못한다면 지혜롭다고 할 수 없습니다. 다른 모든 것은 단지 서문에 불과할 뿐입니다. 여호와를 경외함이 지혜의 근본입니다. 따라서 여호와를 경외하지 않는 자는 지혜를 전혀 모르는 자입니다.

시편 기자가 그것을 어떻게 제시하는지를 보십시오. 다시 말씀드립니다. 시편 기자는 오직 하나님과의 관계만이 중요하다고 말합니다. 그러나 여러분이 삶을 피상적으로 본다면, 그것을 전혀 깨닫지 못할 것입니다. 모든 사람들이 본성적으로 하듯이, 하나님을 아는 것의 중요성을 깨닫지 못하는 모든 사람들이 하듯이, 삶을 표면적으로만 본다면 여러분도 상황을 겉모습만으로 판단할 것이기 때문입니다.

그리고 그렇게 한다면 여러분은 하나님이 여러분의 삶이나 상황과 전혀 관계가 없다고 결론 내릴 것입니다. 본성적인 죄의 결과로 우리 모두가 길을 잃고 방황하게 되는 것이 바로 그 때문입니다.

하나님이 없는 사람들은 삶을 어떻게 바라봅니까? 우리는 여기에서 그 해답을 얻습니다. 하나님이 없는 사람들은 삶과 세상을 봅니다. 강물과 샘과 열매 맺는 땅을 봅니다. 그러나 우리는 광야, 메마르고 황무한 땅도 있음을 깨닫습니다.

시편 기자는 세상에 고관들이 있다고 말합니다. 즉, 막대한 권력과 지배력을 가진 자들이 있습니다. 그들은 머리에 왕관을 쓰고 있습니다. 그러나 우리는 세상에 고관 같은 권력자도 있지만 가난한 사람들도 있음을 깨닫습니다.

삶을 바라보면서 단지 이렇게 말하는 사람들이 있습니다.

"그렇습니다. 그것이 세상과 삶의 진정한 모습입니다. 나는 기차나 자동차를 타고 여행할 때 놀라울 만큼 다양한 광경이 있다는 것을 깨닫습니다.

때때로 나는 가장 비옥한 땅을 지납니다. 그러다가 아주 황폐한 땅에 이릅니다. 눈에 보이는 것이라고는 오직 드문드문 나 있는 잡초뿐입니다. 달콤하고 향기로운 풀은 어디에서도 찾아볼 수 없습니다.

나는 계속해서 다른 장소로 갑니다. 그곳은 온통 바위로 뒤덮여 있는데, 바위가 땅을 뚫고 나와 거칠고 위험합니다. 그곳은 아무것도 자랄 수 없는 무가치한 땅처럼 보입니다. 소망을 찾을 수가 없습니다.

사람들도 다양합니다. 어떤 이들은 대단한 성공을 거둡니다. 어떤 사람들은 인생을 제대로 이해하지 못하는 것처럼 보입니다. 또 어떤 이들은 매우 부유하고, 어떤 이들은 몹시 가난합니다. 그것이 인생입니다."

또 다른 사람들이 말합니다.

"나는 인생에 유전과 상속, 우연이나 능력에 기초한 차이, 사람들의 부지런함과 독창력, 열정, 적응력 등에 기초한 차이가 있다고 생각합니다."

그것은 사실입니다. 우리는 삶에서 늘 그런 모습을 봅니다. 그러나 핵심적임 질문을 던지겠습니다. 여러분은 왜 그런 상황이 벌어지는지를 어떻게 설명하겠습니까? 현실을 부인해 봤자 소용이 없습니다. 중요한 것은 그것을 어떻게 설명할 수 있느냐 하는 것입니다.

'어떻게 제가 왕자가 될 수 있습니까? 어떻게 제가 엄청난 부자가 될 수 있습니까? 나는 가난한 사람이 되고 싶지 않습니다. 어떻게 제가 열매가 풍성히 맺히는 땅을 소유할 수 있습니까? 어떻게 해야 제가 열매 맺는 삶을 살 수 있습니까?'

그런 질문들은 중요하면서도 어렵습니다. 우리가 보는 모든 불평등과 모든 다양함과 차이는 무엇을 뜻합니까? 세상은 그런 모든 차이에 대한 적합한 설명을 알고 있다고 생각합니다.

어떤 사람은 그것이 단지 우연이고 운명일 뿐이며, 아무 이유가 없다고 말합니다. 그들은 그저 우연히 지금의 모습이 되었고, 미래의 그들의 모습도 순전히 우연에 의해 좌우될 뿐이라는 것입니다. 그것이 그들이 말하는 전부입니다. 삶을 지배하려는 의도나 계획이 없다고 말하는 그들은 운명론자입니다.

또한 앞에서 지적했듯이 유전이나 상속으로 사람들의 차이를 설명할 수 있다고 말하는 사람들이 있습니다. 어떤 사람들은 사람들의 차이가 공급과 수요의 법칙에서 비롯된다고 말합니다. 또 어떤 사람들은 사람들의 차이가 전적으로 인간의 능력과 적용, 열중의 문제라고 말합니다.

그들은 우리의 삶이 우리가 어떻게 활용하는가에 달려 있다고 말합니다. 그러하기에 하나님에 대해서는 말할 필요가 전혀 없다고 말합니다. 오히려 그들에게 모든 것은 자업자득일 뿐입니다. 인간은 스스로 운명을 결정하며, 자신이 뿌린 대로 거두는 것이라고 말합니다. 즉, 모든 것은 인생에 대해 그가 행한 것의 결과일 뿐인 것입니다.

그것이 오늘날 대부분의 사람들의 태도라는 점에는 여러분도 동의할 것입니다. 그런 사람들의 생각 속에는 하나님이 전혀 없습니다.

"어리석은 자는 그의 마음에 이르기를 하나님이 없다 하는도다"(시 14:1).

하나님에 대한 필요를 못 느끼는 사람들은 하나님이 없다고 말합니다. 만일 과학과 진화, 발전의 개념으로 세상을 설명할 수 있다면, 역사 전체를 변증법적인 용어나 경제 논리, 혹은 그와 비슷한 어떤 것으로 설명할 수 있다면, 하나님은 필요가 없을 것이라고 말합니다. 이것이 바로 오늘날 우리 사회를 지배하는 태도입니다.

우리는 하나님을 믿지 않습니다. 너무 많은 것을 알고 있기 때문에 하나님이 필요 없다고 말합니다. 그러나 시편 기자는 그것이 바로 어리석음의 본질이라고 말합니다. 그리고 그것은 성경 전체의 메시지이기도 합니다.

우리가 한 가지 확신할 수 있는 것은, 모든 것이 하나님의 통치 아래 있고 하나님의 손안에 있다는 것입니다. 즉, 하나님이 모든 것을 통제하신다는 것입니다.

"여호와께서는 강이 변하여 광야가 되게 하시며 샘이 변하여 마른땅이 되게 하시며 그 주민의 악으로 말미암아 옥토가 변하여 염전이 되게 하시며"(33,34절).

또한 시편 기자는 "광야가 변하여 못이 되게 하시며 마른땅이 변하여 샘물이 되게 하시고……궁핍한 자는 그의 고통으로부터 건져 주시고", "여호와께서는 고관들에게는 능욕을 쏟아 부으시고"라고 말합니다. 하나님은 고관들을 비웃으십니다. 그러나 동시에 그분은 궁핍한 자를 건져 주시고 '그 가족을 양 떼같이 지켜 주십니다.'

여기 기독교 신앙의 가장 중요한 첫 번째 조항, 성경의 첫 번째 메시지가 있습니다. 그것은 바로 하나님이 모든 것 위에 계신다는 것입니다.

"여호와께서 다스리시니"(시 96:10).

여러분은 이렇게 질문할 것입니다. "그렇다면 세상은 왜 이런가요?" 성경의 대답은 우리가 영원하신 하나님의 마음과 직면한다는 것입니다. 하나님의 마음은 우리의 이해력을 벗어나지만, 그 안에는 분명한 목적과 계획, 의도가 있습니다.

그러나 우리의 좁은 사고 기준과 원칙들로 그것을 이해하려고 할 때 우리는 종종 당황하고 좌절하게 됩니다. 그래서 단지 이해하지 못하기 때문에 우리는 하나님이 일관성 없고 모순된 분이라고 느낍니다. 성경이 하나님에 대해 이렇게 말하기 때문입니다.

"하나님이 그 해를 악인과 선인에게 비추시며 비를 의로운 자와 불의한 자에게 내려 주심이라"(마 5:45).

하나님은 모든 것 위에 계십니다. 그러나 그분은 악인이 잠시 '푸른 나무' 같이 무성해지는 것을 허용하십니다.[1] 따라서 악인이 그같이 번성하고 있다는 사실이 하나님이 계시지 않음을 의미하는 것은 아닙니다. 그것은 사람들의 주장일 뿐입니다. 사람들은 말합니다.

"아, 하나님이 계시다면, 하나님이 당신이 말하는 그런 분이라면, 우리가 달리 세상을 볼 수도 있을 것입니다. 당신은 인간이 경건한 삶을 살지 않으면, 하나님이 그의 편에 계시지 않으며 심판을 받게 될 것이라고 말합니다. 하지만 세상을 한번 보세요. 하나님을 부인하고 비웃는 사람들이 얼마나 번성하고 있는지를 보세요. 그들의 위대한 성공을 보세요. 당신의 하나님은 어디에 계신 겁니까? 당신의 일관성은 어디에 있습니까?"

---

1. 시 37:35 내가 악인의 큰 세력을 본즉 그 본래의 땅에 서 있는 나무 잎이 무성함과 같으나.

그러나 저는 이미 여러분에게 성경의 대답을 말씀드렸습니다. 하나님은 강물이 흐르게 허락하십니다. 하나님은 샘이 솟아나게 허락하십니다. 그것은 모두 그분의 통제 아래 있습니다. 하나님은 그것을 눈 깜짝할 사이에 무효로 만드실 수도 있습니다. 그분이 언제나 그렇게 하시는 것은 아니지만, 그렇게 할 수 있는 능력이 있는 분입니다. 그분은 모든 것 위에 계시기 때문입니다.

"여호와께서 다스리시니 만민이 떨 것이요"(시 99:1).

성경의 위대하고도 근본적인 첫 번째 메시지는, 우리가 항상 그것을 이해하지도 못하고 때로는 분명하게 보지 못할 때도 있지만, 우리 모두가 그분의 손안에 있다는 것입니다.

그것이 성경이 그토록 놀라운 이유입니다. 그리고 성경의 역사서들이 그토록 가치 있는 이유입니다. 성경의 역사서들은 우리에게 역사에 대한 위대한 통찰력과 전체적인 안목을 제공합니다. 또한 위대한 사건들을 한 관점 속에 담아 놓습니다. 그것이 성경의 역사서들이 지닌 놀라운 점입니다.

성경을 읽을 때 여러분은 하나님과 함께 서서 역사의 거대한 흐름을 보고 있습니다. 그러나 여러분은 대부분 그것을 피상적으로만 보기 때문에 이렇게 말합니다.

"하나님은 계시지 않다. 지금 일어나고 있는 일을 보라! 저

위대한 왕조가 세워지는 것을 보라. 저 강력한 제국이 일어나는 것을 보라. 그리고 하나님의 백성이 어디에 있는지를 보라!"

아, 그러나 그것은 단지 일시적인 관점일 뿐입니다. 장기적인 관점을 취하십시오. 계속해서 보십시오. 그러면 여러분은 하나님이 항상 그곳에 계셨음을 깨닫게 될 것입니다. 그리고 더 이상 소망이 없다고 느껴졌을 때, 그분이 개입하셨음을 깨닫게 될 것입니다. 하나님이 모든 것 속에 역사하셨음을 알게 될 것입니다. 모든 역사가 전혀 다르게 보일 것입니다.

여러분에게 하나님과의 관계를 좀 더 자세히 제시하겠습니다. 우리가 반드시 이해해야 하는 것이 하나 있는데, 그것은 바로 세상에서 가장 핵심적이고도 중요한 것이 우리와 하나님과의 관계라는 것입니다.

하나님에 대한 진리

논리적 과정을 통해 우리는 두 번째 원칙을 끌어낼 수 있습니다. 즉, 우리 모두가 하나님에 대한 진리를 아는 것이 중요하다는 것입니다. 성경은 전적으로 그 주제를 가르치기 위한 책입니다. 하나님에 대한 위대한 진리가 바로 성경의 메시지이며, 성경이 바로 하나님에 대한 계시입니다. 우리가 무엇을 소유하느냐가 아니라 그분을 아는 것이 가장 중요합니다.

주 예수 그리스도, 하나님의 아들이 이 세상에 오셨습니다. 왜 오셨습니까? 가장 중요한 이유가 무엇입니까?

"본래 하나님을 본 사람이 없으되 아버지 품속에 있는 독생하신 하나님이 나타내셨느니라"(요 1:18).

"옛적에 선지자들을 통하여 여러 부분과 여러 모양으로 우리 조상들에게 말씀하신 하나님이 이 모든 날 마지막에는 아들을 통하여 우리에게 말씀하셨으니 이 아들을 만유의 상속자로 세우시고 또 그로 말미암아 모든 세계를 지으셨느니라"(히 1:1,2).

계시입니다! 하나님이 사람들에게 자신에 대한 진리를 계시하신 것입니다! 왜 그렇게 하셨습니까? 그것이 가장 근본적이고도 중요한 지혜이기 때문입니다. 우리 모두에게 가장 중요한 것이 하나님에 대한 진리를 아는 것입니다. 그것은 또다시 전쟁이 일어날지를 아는 것과 비교할 수 없을 정도로 매우 중요합니다. 여러분이 관심을 갖는 그 어떤 특별한 주제보다도 무한히 중요합니다.

하나님에 대한 진리를 아는 것이 왜 중요합니까? 이미 여러분에게 그 이유를 말씀드렸습니다. 여러분과 저는 단지 순례자이며 나그네일 뿐입니다. 여행자요, 잠깐 동안 머무르는 체류자일 뿐입니다. 이 세상을 살아가는 우리는 오늘은 이곳에 있지만 내일은 다른 곳으로 가 버릴 수도 있습니다.

우리에게 인생의 기회는 두 번 찾아오지 않습니다. 다시 이 인생을 살 수가 없습니다. 또한 우리의 영원한 운명이 지금 우리가 하는 것에 달려 있습니다. 따라서 우리에게 진정 중요한 문제는 단지 이 세상에서 인생을 어떻게 즐기느냐가 아닙니다. 우리의 영원한 미래를 어떻게 보호하느냐가 진정 중요합니다. 그리고 그것은 우리가 하나님을 아는 지식에 달려 있습니다.

하나님은 어떤 분입니까? 그분이 누구입니까? 어떻게 우리가 하나님을 알 수 있습니까? 우리와 그분과의 관계는 어떻습니까? 시편 기자의 그림 속에 그 대답이 있습니다. 하나님이여, 우리에게 은혜를 베푸시고 우리가 성령으로 진리를 받아들일 수 있게 해 주소서!

오늘날 세상의 모든 문제는, 인간이 하나님에 대해 각자의 개념을 가지고 있을 뿐만 아니라 하나님을 바로 알기 위해 성경 앞으로 나오지 않는다는 것에서 비롯됩니다. 우리는 얼마나 계속해서 이런 말을 듣습니까?

저는 최근에 한 친구와 이야기를 나누다가 그가 한 사람에 대해 걱정하고 있음을 알게 되었습니다. 친구가 말했습니다.

"그 사람은 사랑의 하나님이 어떻게 이런저런 일을 하실 수 있는지 이해할 수 없다고 한다네."

사람들의 말은 항상 똑같습니다. 그렇지 않습니까? 지금은 그것을 논쟁할 시간이 없습니다. 대신 그것을 여러분에게 아주 단순하게 제시하겠습니다. 우리는 실제로 성경 외에 하나님에 대해 무엇을 알고 있습니까? 여러분은 그 질문에 대해 생각해 본 적이 있습니까? 여러분의 관점은 어떤 권위를 따릅니까?

여러분은 자신의 생각과 철학에 대해 이런저런 이야기를 합니다. 그러나 여러분은 모든 것을 알지는 못합니다. 여러분과 저의 생각은 불완전합니다. 그럼에도 불구하고 우리는 스스로가 만든 관점에 기초해서 하나님을 생각합니다. 그것이 본질적인 오류입니다!

안 됩니다. 하나님에 대해 알고자 한다면 우리는 반드시 성경 앞으로 나와야 합니다. 그리고 성경의 계시를 믿고 받아들여야 합니다. 여러분은 철학자들의 책을 읽을 수도 있습니다. 그러나 결국 그들이 하나님께 도달하지 못했음을 발견하게 될 것입니다.

그들은 하나님을 모릅니다. 그들은 하나님을 '궁극적인 실재'나 '절대자', '철학적 X'라고 부릅니다. 어떻게 그런 지식이 우리를 도울 수 있겠습니까? 전혀 도울 수 없습니다. 하나님이 주신 지식 외에는 하나님에 대한 지식이 없습니다.

성경은 그분이 알려 주신 것을 기록한 계시의 책입니다. 무엇보다도 우리는 그 지식을 우리에게 주기 위해 하늘에서 오신 하나님의 귀한 아들 안에서 그 지식을 볼 수 있습니다.

거룩하신 하나님

우리는 하나님에 대해 무엇을 알고 있습니까? 여기에 계시된 것들이 있습니다. 하나님은 의로우십니다. 하나님은 공정하십니다. 하나님은 거룩하십니다.

"하나님은 빛이시라. 그에게는 어둠이 조금도 없으시다는 것이니라"(요일 1:5).

시편 기자의 다음의 말을 보십시오.

"여호와께서는 강이 변하여 광야가 되게 하시며 샘이 변하여 마른땅이 되게 하시며……그 옥토가 변하여 염전이 되게 하시며"(33,34절).

하나님이 왜 그렇게 하십니까? 여기 그 대답이 있습니다.

"그 주민의 악으로 말미암아"(34절).

바로 악 때문입니다! 그리고 같은 단락에서 그것은 '죄악'이라는 용어로 표현됩니다. 우리는 네 가지 그림 속에서 모두 이 죄악을 발견하지 않습니까? 그들이 왜 고난에 빠졌습니까? 그 이유가 항상 똑같지 않습니까?

"미련한 자들은 그들의 죄악의 길을 따르고 그들의 악을 범하기 때문에 고난을 받아"(17절).

"지존자의 뜻을 멸시함이라"(11절).

즉, 그들의 거역과 교만, 죄 때문입니다. 오, 그것은 오히려 하나님의 공의와 의로움과 거룩함을 드러낼 뿐입니다. 세상은 하나님의 의로움과 거룩함을 잊어버렸을 뿐만 아니라 그것을 미워합니다. 하나님이 의로우시다는 것을 믿지 않기 때문에 세상은 오늘날과 같이 되었습니다.

세상이 원하는 하나님은, 단지 필요할 때 복을 나눠 주고 죄를 눈감아 주면서 "괜찮아, 못 본 체할게"라고 말하는 힘, 혹은 행위자가 되시는 하나님입니다. 그것이 하나님에 대한 세상의 지식입니다.

세상적인 사람이 하나님의 의로움과 거룩함, 공의로움에 대한 교리만큼 미워하는 것도 없습니다. 그러나 우리가 그것을 좋아하든지 그렇지 않든지 간에 하나님이 의롭고 거룩하시다는 것은 분명한 사실입니다.

하나님이 사랑하시는 아들은 하나님을 항상 '거룩하신 아버지여', '의로우신 아버지여'라고 부르셨습니다. 하나님은 가까이 가지 못할 빛에 거하십니다.[2] 그것은 불타오르는 빛, 영원한

---

2. 딤전 6:16 오직 그에게만 죽지 아니함이 있고 가까이 가지 못할 빛에 거하시고 어떤 사람

빛입니다.

이와 같이 하나님의 의로움과 거룩하심이 바로 이 시편에서 첫 번째로 강조하는 것입니다. 시편 기자는 우리가 그것을 깨닫기를 원합니다. 그는 말합니다.

"지혜 있는 자들은 이러한 일들을 지켜보고 여호와의 인자하심을 깨달으리로다"(43절).

위대하신 하나님

시편 기자가 하나님에 대해 두 번째로 말하는 것은, 그분의 위대하심과 능력입니다. 그것은 성경의 위대한 주제입니다.

"태초에 하나님이 천지를 창조하시니라"(창 1:1).

창조자 하나님, 주관자 하나님, 모든 것을 유지하고 운행하시는 하나님! 시편 기자는 이 시편에서 그것을 특별한 능력으로 보여 줍니다. 그는 하나님께 능치 못할 일이 없다고 말합니다. 하나님은 강이 변하여 광야가 되게 하실 수 있습니다. 하나님은 샘으로 마른땅이 되게 하실 수 있습니다. 또한 옥토가 변하여 염전이 되게 하실 수도 있습니다.

하나님이 하실 수 없을 만큼 어려운 일이 있습니까? 하나님

도 보지 못하였고 또 볼 수 없는 이시니 그에게 존귀와 영원한 권능을 돌릴지어다 아멘.

에게는 불가능한 것이 없습니다. 우리가 즐겨 부르는 찬양 가운데 하나는 그것을 다음과 같이 표현합니다.

"하나님은 창조하실 수도, 파괴하실 수도 있다네."

시편 기자는 하나님이 베풀어 주신 놀라운 구원을 네 가지 그림으로 보여 줍니다. 하나님이 어떻게 구원을 행하십니까? 시편 기자는 구원을 하나님의 위대하심과 능력이라는 말로 표현합니다. 하나님은 모든 것 위에 계신 하나님입니다. 만물을 창조하신 하나님이 만물을 다스리십니다. 아무것도 하나님이 없이는 존재할 수 없고 살아 움직일 수 없습니다.

사도 바울은 아테네 사람들에게 "이는 만민에게 생명과 호흡과 만물을 친히 주시는 이심이라"(행 17:25)라고 말합니다. 또한 시편은 "주께서 낯을 숨기신즉 그들이 떨고 주께서 그들의 호흡을 거두신즉 그들은 죽어 먼지로 돌아가나이다"(시 104:29)라고 말합니다. 모든 만물이 하나님의 손안에 있는 것입니다.

과학자들조차 그렇게 말하기 시작합니다. 원자(原子)에 대해 더 많이 이해하게 될수록 그들은 하나님의 존재에 대해 더 깊이 확신하게 됩니다. 모든 것이 거대한 움직임 속에서, 거대한 장력(張力) 속에서 유지되고 있습니다. 모든 것 뒤에는 그것을 유지하는 힘이 있습니다.

그렇다면 그 힘이 어디에서 오는 것입니까? 바로 하나님입니다! 모든 것 뒤에 계신 하나님이 조직하고 유지하십니다. 하나님은 창조자이고 제작자이며, 모든 것을 유지하시는 분입니다.

그것이 시편 기자의 메시지입니다. 이 구절을 읽을 때면 하나님이 하실 수 있는 일에 대한 묘사를 잘 보십시오. 하나님은 만물을 무너뜨리고 전복시키실 수 있습니다. 힘차게 흘러가던 강이 갑자기 사라져 버릴 수도 있습니다. 마른땅이 샘물로 변할 수도 있습니다. 광야가 변하여 못이 될 수도 있습니다. 어떻게 그것이 가능합니까? 그 모든 일을 하시는 분이 창조자 하나님이기 때문입니다. 하나님의 위대하심과 능력에는 한계가 없기 때문입니다.

저는 시편을 좋아합니다! 시편 기자들을 좋아합니다! 이 시편 기자는 자연에 대해 말하고 있습니다. 그러나 이제 그가 인간에 대해 말하는 것에 귀를 기울여 보십시오.

"여호와께서 고관들에게는 능욕을 쏟아 부으시고 길 없는 황야에서 유리하게 하시나"(40절).

"이는 하나님께서 외모로 사람을 취하지 아니하심이니라"(롬 2:11).

하나님은 신분이나 사회적 차이에 관심이 없으십니다. 전능자의 눈에는 특권 계급이 없습니다. 그분이 관심을 갖고 계신 것에는 우위가 없습니다. 여호와께서는 그분을 인정하지 않고 순복하지 않는 고관들에게 능욕을 부으십니다.

"왕과 군주들이 번성하든 쇠락하든
생기가 그들을 만드셨듯이 오늘의 그들도 만드실 수 있나니."[3]

올리버 골드스미스(Oliver Goldsmith)

그렇습니다. 위대하신 하나님은 그런 하나님입니다. 하나님의 역사는 하나님의 위엄과 위대하심, 하나님의 능력으로 가득 차 있습니다. 구약을 읽어 보십시오. 오늘날 우리의 문제는 구약을 읽지 않아서 그것을 모른다는 것입니다. 하나님이 고관들에게 능욕을 부으시는 것을 보고 싶다면, 구약에 기록된 많은 거대한 왕조의 이야기를 읽으십시오.

세계를 호령했던 강국 애굽을 보십시오. 하나님이 그 나라에 능욕을 부으시자 곧 쇠락하고 말았습니다. 바로와 그의 군대는 홍해의 물길이 삼켜 버렸고 열방의 웃음거리가 되었습니다.

또한 하나님이 느부갓네살 왕을 소와 같은 처지로 전락시킨 것을 기억합니까? 느부갓네살은 자신이 신이므로 사람들이 자신을 섬겨야 한다고 명령했습니다. 그러자 하나님은 느부갓네

---

3. 역자주 – 영국의 시인 골드스미스의 시 '한촌행'(寒村行, Deserted village)의 일부분입니다.

살에게 능욕을 부으셨습니다. 느부갓네살은 사람에게 쫓겨나서 소처럼 풀을 먹었고, 몸은 하늘 이슬에 젖었으며, 머리털은 독수리 털과 같고 손톱은 새 발톱과 같이 되었습니다.

"여호와께서 고관들에게는 능욕을 쏟아 부으시고"(40절).

신약에도 매우 주목할 만한 사건이 있습니다. 사도행전 12장을 보십시오.

"헤롯이 날을 택하여 왕복을 입고 위에 단상에 앉아 백성에게 연설하니, 백성들이 크게 부르되 이것은 신의 소리요 사람의 소리가 아니라 하거늘, 헤롯이 영광을 하나님께로 돌리지 아니하므로 주의 사자가 곧 치니 벌레에게 먹혀 죽으니라"(행 21-23).

"여호와께서 고관들에게는 능욕을 쏟아 부으시고."

그것이 성경이 계시하는 하나님입니다. 니느웨와 그리스, 다른 어떤 나라의 아무리 강력한 왕이나 고관이라 해도 그들이 하나님을 인정하지 않는다면, 하나님은 그들에게 능욕을 부으실 것이며, 그들은 사람들의 눈에서 완전히 사라져 버릴 것입니다.

심판하시는 하나님

성경이 하나님에 대해 또 한 가지 말해 주는 것은, 하나님의 판단이 절대적으로 확실하다는 것입니다. 의롭고 거룩하며 공의로운 하나님, 강력하고 능력이 많은 하나님은 세상을 장차 심판하실 것입니다.

오, 저는 이것이 가장 인기 없는 이야기라는 것을 알고 있습니다. 그것은 현대인들이 가장 싫어하는 이야기입니다. 그들이 이런 설교를 싫어하지 않는다면, 이런 설교를 듣고 두려움에 떨었던 몇백 년 전의 조상들과 같은 반응을 보였을 것이기 때문입니다.

그러나 현대인들은 어떻습니까? 그들은 그런 이야기를 좋아하지도, 두려워하지도 않습니다. 그들은 너무 많은 것을 알고 있습니다. 그들은 너무 과학적입니다. 그러나 사실 그들의 상황은 몇백 년 전의 사람들과 여전히 똑같습니다. 시편 기자가 여기에서 이야기하는 모든 일들이 지금 이 시간에도 세계 곳곳에서 입증되고 있습니다. 하나님은 반드시 심판하실 것입니다.

"여호와께서는 강이 변하여 광야가 되게 하시며 샘이 변하여 마른땅이 되게 하시며 그 주민의 악으로 말미암아 옥토가 변하여 염전이 되게 하시며"(33,34절).

저는 경외감을 가지고 선포합니다. 하나님은 하나님이기 때문에 심판하십니다. 하나님은 반드시 심판하셔야 합니다. 거룩한 성품 때문에 하나님은 심판하실 수밖에 없습니다. 또한 하나님은 우리에게 심판에 대해 말씀하셨습니다. 태초에 인간을 창조하셨을 때 하나님은 분명히 말씀하셨습니다.

"너희가 이렇게 산다면 내가 너희에게 복을 주겠다. 그러나 너희가 내 명령을 어기면 너희를 심판할 것이다." 구약은 단지 그것에 대한 기록일 뿐입니다.

심판은 에덴에서 시작되었습니다. 아담과 하와가 하나님의 형상대로 지음을 받았지만, 그들이 죄를 짓자 하나님은 그들을 심판하셨습니다. 그리고 그들을 에덴동산에서 쫓아내고 다시는 돌아오지 못하게 하셨습니다. 그것이 성경이며 복음입니다. 그것이 예수 그리스도를 설교하는 본질적인 부분입니다.

하나님과 단절된 인간은 하나님의 진노 아래 있습니다. 예수 그리스도는 그런 인간의 문제를 해결하기 위해서가 아니었다면 결코 오시지 않았을 것입니다. 사실 예수님은 그 문제가 아니었다면 오실 필요가 없었습니다.

에덴동산의 이야기는 심판의 이야기입니다. 계속해서 홍수의 이야기를 읽어 보십시오. 소돔과 고모라에 대한 이야기를 읽어 보십시오. 하나님의 도성인 예루살렘과 그분이 택하신 백성이 갈대아인들에게 침략을 당해 약탈당하고 거치는 돌 더미가 된 것을 읽어 보십시오.

그것이 심판입니다. 그들이 누구인지는 중요하지 않습니다.

그 대상이 그분의 백성이라고 해도, 하나님이 택하신 자라고 해도 심판의 문제 앞에서는 전혀 중요하지 않습니다. 하나님의 마음에 합한 자였던 다윗을 보십시오. 죄를 짓자 하나님은 그를 벌하십니다. 그것이 하나님의 법입니다. 그 법은 절대적입니다. 그 법은 영원합니다.

유대인들이 하나님의 독생자인 자신들의 메시야를 부인함으로 인해 또다시 로마 군대에 둘러싸여 약탈당하고 파괴되었던 A.D. 70년으로 돌아가 보십시오. 그때 성전은 산산이 부서졌으며, 민족은 열방 가운데 흩어지고 말았습니다.

그것이 바로 심판입니다. 역사는 그런 심판으로 가득 차 있습니다. 구약의 역사서를 다시 읽어 보고 세상의 역사와 비교해 보십시오. 그 후에 일어난 역사 속에서 하나님의 심판을 보십시오. 웅장하고도 화려하게 등장한 열방들이 전 세계를 영원히 다스릴 것처럼 호령합니다. 그러나 다른 나라가 그 뒤를 잇습니다. 그리고 그 나라들도 언젠가는 무너져 역사의 뒤안길로 사라져 버리는 때가 옵니다.

오늘날 세계에는 우리를 두려움에 떨게 하는 강력한 권세와 힘이 있는 것처럼 보입니다. 어떤 의미에서는 그것이 맞는지도 모릅니다. 그러나 그 힘과 권력들을 이 시편과 성경의 가르침의 빛 속에서 비춰 볼 때, 그들은 단지 하나님의 손안에 있는 메뚜기에 불과합니다.

우리는 이런저런 나라들의 부(富)와 군사력에 대해 듣습니다. 여러분이 어떤 나라를 떠올리든지 상관없습니다. 그 나라 모두를 합쳐서 생각해도 좋습니다. 모든 국가 권력과 모든 인간 사회 집단, 정부가 하나님을 대적하고 있습니다. 그들은 계시록에 나오는 짐승입니다. 우리가 그 권력에 속해 있느냐 그렇지 않느냐 하는 것은 중요하지 않습니다.

하나님을 인정하지 않는다면, 그 권력은 하나님의 심판 아래 있게 될 것입니다. 그 권력들은 단지 하나님께는 티끌 같은 존재일 뿐입니다.[4] 그 열방들은 모두 심판의 자리에 나오게 될 것입니다. 그러한 심판은 단지 열방에게만 해당하는 것이 아닙니다. 그것은 개인에게도 마찬가지로 적용할 수 있습니다.

"하나님의 제분기는 천천히 돌아가지만 가장 작은 것도 갈아낸다"(폰 로가우 F. von Logau).

어떤 사람은 그런 설교야말로 진정으로 의미 있는 설교라고 말합니다. 사람들은 수세기 동안 그런 설교를 해 왔습니다. 그러나 세상은 아랑곳하지 않고 계속 타락의 길을 걸어갔습니다.

---

4. 사 40:15 보라, 그에게는 열방이 통의 한 방울 물과 같고 저울의 작은 티끌 같으며 섬들은 떠오르는 먼지 같으리니.

베드로는 베드로후서 3장에서 그런 상황에 대해 답했습니다. 베드로는 사람들이 '주께는 하루가 천 년 같고 천 년이 하루 같음'[5]을 이해하지 못한다고 말합니다. 그러하기에 설교가 그토록 두려운 것, 그토록 책임 있는 것입니다.

하나님은 제가 설교를 무가치하게 만들거나 사람들과 메시지 사이를 이간질하는 것을 금하십니다. 그러나 메시지는 여러분이 하나님과 대면하고 있으며, 하나님이 여러분을 성경에서 말씀하신 대로 심판하실 것이라고 말합니다.

여러분은 하나님을 위하고 영광스럽게 하기 위해 창조되었습니다. 그렇게 하지 않는다면 여러분은 하나님의 진노 아래 거하게 될 것입니다. 그리고 언젠가 여러분이 그 사실을 알게 될 날이 올 것입니다.

지금까지 모든 것이 잘되어 갔다는 사실에 현혹되지 마십시오. 여러분이 하나님에게 등을 돌리고 비웃으며 자신의 길을 갔음에도 여러분이 잘되었다는 사실, 막대한 돈을 벌고 모든 것이 잘되어 가고 있다는 사실에 현혹되지 마십시오.

사랑하는 여러분, 어리석은 자가 되지 마십시오! 그런 우스꽝

---

5. 벧후 3:8 사랑하는 자들아, 주께는 하루가 천 년 같고 천 년이 하루 같다는 이 한 가지를 잊지 말라.

스럽고도 근시안적인 관점을 버리십시오. 구약의 역사서를 읽고 여러분 자신을 살펴보십시오. 심판이 있을 것입니다. 우리는 모두 하나님을 만나야 하고 그분 앞에 서야 합니다. 심판이 기다리고 있는 것입니다!

인자하신 하나님

그러나 이러한 말씀으로 설교를 마칠 수 있게 해 주시는 하나님께 감사를 드립니다. 하나님에 대해 이 시편 기자가 마지막으로 말하는 것은 그분의 인자하심입니다.

"지혜 있는 자들은 이러한 일들을 지켜보고 여호와의 인자하심을 깨달으리로다"(43절).

심판과 회개가 먼저 옵니다. 분명히 그렇습니다. 세례 요한이 먼저입니다. 그러나 하나님께 감사드리는 것은, 요한은 오직 주 예수 그리스도의 길을 예비하는 자일 뿐이라는 것입니다.

하나님은 거룩하고 의로우며 공의롭고 순전하십니다. 하나님의 힘과 위엄, 능력은 끝이 없습니다. 그 하나님은 의로움 속에서 세상을 심판하실 것입니다. 그러나 하나님께 감사드립니다. 왜냐하면 하나님은 또한 사랑이시기 때문입니다. 하나님은 인자와 긍휼과 자비가 충만하신 분이기 때문입니다.

네 가지 놀라운 그림에서 보았듯이, 우리가 절망과 낙심에 빠져 인생의 폭풍 속에서 어찌할 바를 모를 때 하나님께 부르짖기만 하십시오. 그러면 그분의 대답이 우리가 요구하기도 전에 이미 와 있음을 볼 것입니다.

"하나님이 세상을 이처럼 사랑하사 독생자를 주셨으니, 이는 그를 믿는 자마다 멸망하지 않고 영생을 얻게 하려 하심이라"(요 3:16).

저는 지금까지 이 설교에서 이 관점에 대해서만 말씀드렸습니다. 한 설교에서 두 관점을 다루면 여러분이 이해하기 어렵기 때문입니다. 다음에 하나님이 허락하시면, 또 다른 면을 상세히 다루면서 하나님의 놀라운 인자하심을 보여 드릴 수 있기를 소망합니다. 그러나 하나님에 대한 진리를 깨달을 때까지는 아무도 그분의 인자하심을 알 수 없습니다.

사람들은 말합니다. "왜 당신은 그리스도의 피에 대해 이야기합니까?" 그들은 그리스도의 피가 필요하다는 것을 한 번도 깨닫지 못했습니다. 왜 그렇습니까? 죄가 무엇인지를 모르기 때문입니다.

그들은 하나님도 모릅니다. 하나님의 영광과 거룩함, 위엄과 의로움이라는 개념을 모를 뿐만 아니라 하나님을 한 번도 본 적이 없습니다. 그들은 자신의 모습을 제대로 본 적도 없습니다. 만일 그들이 자신의 모습을 보았다면, 그들은 절망 속에서 그리스도를 보내 주신 하나님께 감사했을 것입니다.

우리는 하나님이 기쁨으로 주셨던 이 복받은 계시를 통해 하나님과 하나님의 눈에 비친 우리 자신을 보았습니다. 어쩌면 오늘 밤에 하나님은 제가 일주일 전에 죽었을지도 모를 한 사람에게 설교하게 해 주셨을지도 모릅니다. 오늘 밤이 여러분의 마지막 기회일지도 모릅니다. 그래서 저는 이 말씀을 드리지 않고는 여러분을 보낼 수가 없습니다.

사랑하는 여러분, 그리스도가 여러분을 위해서 죽으셨습니다. 여러분의 죄는 용서받을 수 있습니다. 여러분이 믿는 순간 여러분의 죄는 용서받습니다. 하나님의 인자하심이여! 하나님이 저와 여러분의 생명을 다음 주일 밤까지 연장시켜 주신다면, 그때 다시 하나님의 인자하심에 대해 말씀드리겠습니다.

강이 변하여 광야가 되게 하시는 하나님은 마른땅으로 샘물이 되게 하시는 하나님과 동일한 하나님입니다. 그것이 모든 영광과 풍성함 안에 있는 복음입니다.

여러분은 하나님을 알고 있습니까? 하나님과 자신의 관계가 어떤지를 알고 있습니까? 그것이 이 세상에서 여러분의 삶을 결정합니다. 영원 속에서 영원한 복을 누릴지, 아니면 영원한 멸망을 누릴지를 결정합니다.

7장 *The salvation of God*

하나님의 구원

여호와께서는 강이 변하여 광야가 되게 하시며, 샘이 변하여 마른땅이 되게 하시며, 그 주민의 악으로 말미암아 옥토가 변하여 염전이 되게 하시며, 또 광야가 변하여 못이 되게 하시며 마른땅이 변하여 샘물이 되게 하시고, 주린 자들로 말미암아 거기에 살게 하사 그들이 거주할 성읍을 준비하게 하시고, 밭에 파종하며 포도원을 재배하여 풍성한 소출을 거두게 하시며, 또 복을 주사 그들이 크게 번성하게 하시고 그의 가축이 감소하지 아니하게 하실지라도 다시 압박과 재난과 우환을 통하여 그들의 수를 줄이시며 낮추시는도다. 여호와께서 고관들에게는 능욕을 쏟아 부으시고 길 없는 황야에서 유리하게 하시나 궁핍한 자는 그의 고통으로부터 건져 주시고 그의 가족을 양 떼같이 지켜 주시나니, 정직한 자는 보고 기뻐하며 모든 사악한 자는 자기 입을 봉하리로다. 지혜 있는 자들은 이러한 일들을 지켜보고 여호와의 인자하심을 깨달으리로다.   시 107:33-43

설교를 통해 사람들은 항상 인생에서 가장 크고도 위대하며 중요한 것을 만나게 됩니다. 아마 지금 이 순간에도 이 나라와 다른 나라들에서 어떤 문제들을 숙고하기 위해 모임들이 열리고 있을 것입니다. 물론 그 모임들은 중요합니다. 아, 오늘 밤에도 세계의 현안 문제와 위기 상황을 논하는 몇몇 정치 모임이 열리고 있습니다.

미술과 문학, 음악에 대해 토의하기 위해 모이는 사람들도 있습니다. 그 모임들 모두 나름대로 중요성을 지니고 있습니다. 그러나 그들은 주중에 이런 일들을 하고 주일에는 그런 모든 활동을 중단해야 합니다. 물론 그것이 지금 제가 말씀드리려고 하는 요점은 아니지만 말입니다.

그러나 성경 전체의 메시지는, 모든 것이 나름대로 중요하지만 이것들과 비교할 수 없이 중요한 것이 있다는 것입니다. 그것이 바로 하나님과 인간의 관계입니다. 이 세상이 사라져도 우리는 여전히 하나님과 대면할 것이기 때문입니다.

전쟁이 있든 없든, 국제 협약이나 동의가 가능하든 그렇지 않든 간에 여전히 영혼은 남아 있고 하나님은 존재하십니다. 그리고 우리는 그분과 대면하게 될 것입니다. 그러므로 이 세상에서 하나님과 우리의 관계보다 더 중요한 것은 없습니다.

그리고 하나님과 우리의 관계 다음으로 중요한 것은, 우리가 하나님에 대한 진리를 아는 것입니다. 저에게 있어서 가장 크고 중요한 것이 하나님과의 관계라면, 저는 이제 하나님에 대한 진리를 알기를 원합니다. 여기에서 시편 기자는 그것에 대해서 말합니다.

우리는 하나님에 대한 진리의 한 가지 면을 생각해 보았습니다. 즉, 하나님은 의롭고 공의로우며 거룩하시다는 것입니다. 그리고 그분의 힘과 능력에는 한계가 없다는 것입니다. 하나님은 영원한 심판자입니다. 아무도 그분을 피할 수 없고 빠져나갈 수도 없습니다. 그분이 이 땅의 모든 만물의 심판자이며 전능하신 하나님이기 때문입니다. 그래서 시편 기자는 이런 것들을 우리에게 밝히 알려 줍니다.

그러나 하나님께 감사합니다. 왜냐하면 시편 기자가 거기에서 멈추지 않기 때문입니다. 그는 계속해서 구주이신 하나님에 대해 말합니다. 그것은 바로 하나님의 구원에 대한 것입니다. 그는 다음과 같은 말로 시작합니다.

"여호와의 인자하심과 인생에게 행하신 기적으로 말미암아 그를 찬송할지로다"(31절).

그러나 사람들이 왜 그렇게 하지 않습니까? 그들이 이 구원을 이해하지 못하기 때문입니다. 이것은 또한 실제로 누군가가 그리스도인이 되지 못하는 궁극적인 이유입니다. 그들은 하나님의 구원의 길을 알지 못하며 이해하지도 못합니다. 그것은 어디에선가 그들이 하나님의 구원에 대한 왜곡된 생각을 얻었기 때문입니다.

그들은 결코 구원을 이해하지 못합니다. 구원을 알았다면, 그리하여 구원을 믿고 경험하기 시작했다면, 그들은 그 안에서 즐거워했을 것입니다. 그것이 지금 시편 기자가 사람들을 초대하는 이유입니다. 그는 말합니다.

"여호와께 감사하라. 그는 선하시며 그 인자하심이 영원함이로다"(1절).

여러분은 구원에 대해 알고 있습니까? 다시 묻습니다. 여러분은 하나님을 찬양하고 있습니까? 하나님께 감사하고 있습니까? 마음속에 찬양과 감사의 노래가 있습니까? 여러분은 하나님께 찬양의 노래를 부르기 위해 시편 기자가 동서남북에서 모으고 있는 이 위대한 찬양대에 동참할 준비가 되어 있습니까? 아니면 여러분은 이렇게 말합니까?

"나는 찬양과 감사의 마음을 모르겠어요. 나는 하나님께 감사하고 싶지 않아요. 하나님께 감사해야 할 이유를 모르기 때문입니다. 내 삶은 힘겹고 세상은 고난일 뿐입니다. 하나님께 감사하라고요? 내 대답은 이것입니다. 하나님이 계시다면 왜 상황이 이렇습니까? 하나님은 왜 지금과 같은 상황을 허락하십니까? 나는 하나님을 찬양할 수 없습니다. 나는 그분의 선하심을 모르겠습니다."

그것이 여러분의 입장이라면, 여러분은 하나님의 구원하는 방식을 이해하지 못하고 하나님의 방식에 대해 잘못된 생각을 가지고 있는 것입니다.

따라서 우리는 이런 잘못된 개념에서 벗어나야 합니다. 시편 107편의 결론 부분에서 시편 기자가 우리에게 보여 주고 설명하는 것을 살펴봅시다. 하나님이 사람들에게 주시는 구원의 특징은 무엇입니까?

구원, 모든 것의 반전

첫 번째 특징은, 하나님의 구원이 우리의 모든 본성적인 생각들의 완벽한 반전이라는 것입니다. 저는 항상 복음을 설교할 때 그 특징부터 말하기를 좋아합니다. 우리 주님이신 구주 예수 그리스도의 복음은 우리의 모든 인간적이고도 본성적인 개념을 반전시킵니다. 말 그대로 우리의 개념을 완전히 뒤집어 놓습니다. 이 세상에서 어떤 것이 그런 반전을 가져올 수 있겠습니까?

그러나 그러한 사실에 동의하지 않는 사람이 분명히 많습니다. 그들이 그 사실에 동의하는 것은 그들이 스스로의 주장이 모순됨을 인정하는 것이 되기 때문입니다.

그들은 '위대한 종교적 스승들'과 '위대한 종교적 천재들'에 대해 이야기합니다. 그들은 위대한 많은 사람들의 이름이 적힌 목록을 가져옵니다. 또한 그들은 모세와 예레미야에 대해 이야기합니다. 부처와 공자, 그리스도와 다른 사람들에 대해서도 이야기합니다. 그것은 곧 그들이 기독교의 구원의 길에 있어서 가장 독특하고도 중요한 어떤 것을 전혀 모른다는 것을 의미합니다.

기독교는 다른 철학자들에게서 비롯된 또 다른 철학이 아닙니다. 기독교는 세상에 있는 수많은 가르침 가운데 하나도 아닙니다. 기독교는 그것들과 완전히 다르고 철저히 독자적인 것입니다. 시편 기자는 기독교의 독특함을 이렇게 제시합니다.

"또 광야가 변하여 못이 되게 하시며 마른땅이 변하여 샘물이 되게 하시고"(35절).

우리는 세상에서 그런 모습을 발견할 수 있습니까? 갑자기 광야가 못이 되고 마른땅에서 샘물이 솟는 것이 우리가 세상에서 흔히 볼 수 있는 광경입니까? 누군가가 말합니다.

"아, 삶은 그렇지가 않습니다. 그런 것은 요정 이야기와 환상 속에서나 발견할 수 있을 뿐입니다. 실제의 삶은 전혀 그렇지가 않습니다. 삶은 어렵습니다. 삶은 고해입니다. 삶은 잔혹합니다. 우리는 갑자기 이런 놀라운 반전과 역전을 얻을 수가 없습니다."

이것이 하나님의 구원의 방법을 바라보는 세상 사람들의 생각입니다. 그러나 신약은 우리에게 정반대를 보여 줍니다. 신약은 이렇게 시작합니다. 한 제사장이 직무를 수행하기 위해 주의 성소로 들어갑니다. 그런데 갑자기 주의 사자가 나타납니다. 그것은 전혀 예상치 못한 일이었습니다. 주의 사자가 제사장에게 말합니다.

"사가랴여, 네 아내 엘리사벳이 네게 아들을 낳아 줄 것이다."[1]

제사장은 말합니다.

"내가 이것을 어떻게 알리요? 내가 늙고 아내도 나이가 많습니다. 이런 일은 일어날 수가 없습니다."[2]

그러나 그것은 천사의 고지(告知)였습니다. 그리고 그대로 이루어졌습니다.

---

1. 눅 1:13 천사가 그에게 이르되 사가랴여 무서워하지 말라. 너의 간구함이 들린지라 네 아내 엘리사벳이 네게 아들을 낳아 주리니 그 이름을 요한이라 하라.
2. 눅 1:18 사가랴가 천사에게 이르되 내가 이것을 어떻게 알리요. 내가 늙고 아내도 나이가 많으니이다.

신약은 계속해서 우리에게 놀라운 이야기를 전해 줍니다. 여러분은 천사가 마리아에게 가서 곧 거룩한 자가 태어날 것이라고 말한 것을 기억합니까? 마리아는 말합니다.

"나는 남자를 알지 못하니 어찌 이 일이 있으리이까?"(눅 1:34)

그럼에도 불구하고 그 일은 이루어질 것이었고, 실제로 이루어졌습니다.

여러분도 알듯이 지금 우리는 신약과는 전혀 다른 세상에 살고 있습니다. 신약에서 일어났던 그런 일은 어디에서도 볼 수 없는 매우 특별한 일입니다. 그러나 이것이 복음이 말하는 것입니다.

우리의 비극은 모두가 다른 개념과 편견을 가지고 출발한다는 것입니다. 우리는 매튜 아놀드(Matthew Arnold)가 제시하듯이, 기독교가 단지 '감정에 영향받은' 도덕성의 더 높은 형태일 뿐이라는 생각을 가지고 있습니다.

우리는 삶이 실제로 우리가 어떻게 하느냐에 달려 있다고 말합니다. 그리고 성경이 말하는 이런 일이 일어날 것이라고는 기대하지 않습니다. 그러나 이것이 복음입니다. 우리의 모든 생각과 개념의 반전, 이것이 바로 복음입니다.

두 번째로, 그런 반전 때문에 복음은 완벽하게 놀라운 것입니다. 그런 반전은 세상에 속한 인간으로서는 도저히 믿을 수 없는 것입니다. 이 시편은 물론 비유적 묘사와 과장법, 생생한 상상력을 가진 전형적인 시입니다. 단지 개념을 표현하는 것은 단순한 시일 뿐입니다. 그러나 이 시편은 단순한 시가 아닙니다. 이것은 사실입니다!

여러분은 사도 바울이 여러 서신서에서 이런 반전을 구체적인 방법으로 제시하고 있음을 발견합니다. 바울은 말합니다.

"육에 속한 사람은 하나님의 성령의 일들을 받지 아니하나니 이는 그것들이 그에게는 어리석게 보임이요"(고전 2:14).

헬라인들은 복음을 접했을 때 비웃었습니다. 그리고 그것을 깨끗이 잊어버렸습니다. 그들은 이렇게 말했습니다.

"우리에게 그런 것을 믿으라고 하다니! 팔레스타인같이 작은 땅에 사는 목수가 구주라니! 그것도 위대하고 새로운 철학 체계를 제기함으로써가 아니라 오히려 철저히 연약하게 갈보리라는 언덕 위에서 십자가에 못 박힘으로써 우리를 구원한다는 것을 믿으라고! 말도 안 되는 허황된 소리지! 그런 터무니없는 소리가 어디 있어!"

그들은 복음이 제시한 구원의 방법이 자신이 생각하고 상상했던 것과는 완전히 반대되는 것이었기 때문에 그렇게 말할 수밖에 없었습니다.

그러나 예수 그리스도의 복음은 참으로 놀랍습니다. 만일 그러한 복음이 우리에게 놀라움으로 다가오지 않는다면, 우리는 실제로 복음을 전혀 모르는 것입니다. 진정 복음이 믿기 어려울 만큼 놀랍다고 느끼지 못한다면, 여러분은 진정한 복음을 소유하지 못한 것입니다. 예수님의 복음은 인간의 개념과는 정반대되는 것이기에 우리에게는 철저히 상상이나 환상, 어리석은 것처럼 보입니다.

아무것도 요구하지 않으시다

그렇다면 어떤 면에서 이 복음이 우리의 모든 개념을 뒤집어 놓습니까? 어떤 면에서 복음이 믿기 어려울 만큼 놀랍게 보입니까?

첫 번째는 복음이 우리에게 아무것도 요구하지 않는다는 것입니다. 전혀 아무것도 말입니다! 시편 기자는 말합니다.

"광야가 변하여 못이 되게 하시며 마른땅이 변하여 샘물이 되게 하시고"(35절).

세상에 속한 사람들은 단지 광야와 같습니다. 본질적으로 그들은 단지 마른땅에 불과합니다.

"주린 자들로 말미암아 거기에 살게 하사 그들이 거주할 성읍을 준비하게 하시고"(36절).

그들은 본질적으로 굶주립니다. 그들에게는 확실하고 안전한 거처조차도 없습니다. 시편 기자는 이것을 나중에도 되풀이합니다.

"여호와께서 고관들에게는 능욕을 쏟아 부으시고 길 없는 황야에서 유리하게 하시나"(40절).

그는 계속해서 말합니다.

"궁핍한 자는 그의 고통으로부터 건져 주시고 그의 가족을 양 떼같이 지켜 주시나니"(41절).

따라서 첫 번째 원칙은, 복음, 즉 구원의 길이 우리에게 아무것도 요구하지 않는다는 것입니다. 복음은 우리가 황무한 상태에 있으며 마른땅, 광야와 같고 극도의 빈곤 상태에 있다고 말합니다. 그것이 신약의 교리입니다.

신약은 우리가 세상에 죄의 상태로 태어났다고 말합니다. 그리고 스스로 죄의 상태를 더욱 악화시키고 증가시켜서, 결국은 완전한 영적인 황무함, 영적인 빈곤 상태에 빠지게 된다고 말합니다. 그러하기에 우리가 가진 것이 아무것도 없으며, 소망도 없다고 말합니다.

만일 여러분이 그것에 동의하지 않는다면, 이제 제가 그것을 증명해 보이겠습니다. 여러분은 자신이 영적인 것을 얼마나 지니고 있는지를 알고 싶습니까? 그렇다면 다음의 말씀으로 스스로를 점검해 보십시오.

"네 마음을 다하며 목숨을 다하며 힘을 다하며 뜻을 다하여 주 너의 하나님을 사랑하고, 또한 네 이웃을 네 자신같이 사랑하라 하였나이다"(눅 10:27).

우리는 이 말씀대로 행하고 있습니까? 이 말씀이 여러분 스스로를 점검하는 방법입니다.

또한 사랑과 희락과 화평과 오래 참음과 자비와 양선과 충성과 온유와 절제로 스스로를 점검해 보십시오. 이 열매들 가운데 얼마나 많은 것을 맺고 있습니까? 그것이 여러분의 영적인 상태를 점검하는 방법입니다.

성경은 우리가 황무한 상태에 있다고 말합니다. 그러나 또한 성경은 이런 우리의 상태가 하나님이 일하시는 데는 전혀 문제가 되지 않는다고 말합니다. 이 얼마나 놀라운 말씀입니까! 하나님은 우리에게 아무것도 요구하지 않으십니다. 단지 우리가 그런 우리의 상황을 깨닫기만을 원하십니다.

하나님은 우리에게 선함을 요구하지 않으십니다. 도덕성이나 행위도 요구하지 않으십니다. 삶과 이해에 대한 올바른 생각과 놀라운 개념도 요구하지 않으십니다. 하나님은 그런 것을 전혀 요구하지 않으십니다. 뿐만 아니라 더욱 놀라운 것은, 우리에게 이런 것들이 결핍되어 있고 극도로 빈곤하다는 사실이 그분이 일하시는 데 전혀 방해가 되지 않는다는 것입니다.

그러나 우리는 오히려 하나님이 우리에게 아무것도 요구하지 않는다는 사실에서 길을 잃고 방황합니다. 우리에게는 그리스도인이 되고 기독교의 구원에 참여하는 것이 우리의 선함이나 도덕성, 행위, 금식, 기도, 서약 등의 결과라고 생각하는 경향이 있기 때문입니다. 우리는 이렇게 말합니다.

"나는 스스로 그리스도인이 되겠어. 스스로의 노력으로 내 자신을 선한 사람으로 만들 거야."

그러나 복음은 우리에게 정반대의 사실을 제시합니다. 복음은 말합니다.

"우리의 의는 다 더러운 옷 같으며"(사 64:6).

다소의 사울은 자랑할 수 있는 모든 것을 버릴 뿐만 아니라 배설물로 여겼습니다.[3] 스스로를 가장 부유하다고 생각하는 사람은 이런 사실 앞에서 극빈자임이 드러납니다. 그에게는 아무것도 없습니다. 광야, 황무함, 극도의 빈곤, 무기력만이 있을 뿐입니다.

또한 구원이 영광스러운 것은, 우리가 그렇게 황무하고 빈곤

---

3. 빌 3:8 또한 모든 것을 해로 여김은 내 주 그리스도 예수를 아는 지식이 가장 고상하기 때문이라. 내가 그를 위하여 모든 것을 잃어버리고 배설물로 여김은 그리스도를 얻고.

하기 때문에 소망이 없다고 말하는 것이 아니라, 그것이 오히려 구원받는 조건이 되었다고 말한다는 것입니다.

여러분은 시편 기자의 네 가지 그림이 어떻게 이런 결론으로 우리를 이끄는지를 알아차렸습니까? 그가 묘사하는 네 가지 유형의 사람들은 하나님을 찬양하는 것으로 끝을 맺습니다. 그들이 하나님을 찬양하도록 이끈 것은 무엇이었습니까? 바로 이것이 아니었습니까?

"이에 그들이 그 환난 중에 여호와께 부르짖으매 그들의 고통에서 구원하시되"(13절).

그들은 아무것도 하지 않았습니다. 오직 여호와께 부르짖었을 뿐입니다. 그들이 어떤 초인적인 노력을 한 것도 아니었고, 스스로 어려움에서 벗어난 것도 아니었습니다. 전혀 그렇지 않았습니다!

광야에서 방황하는 자들은 길을 찾을 수 없었습니다. 감옥에 있는 사람들은 놋문을 깨뜨리거나 쇠빗장을 꺾을 수도 없었습니다. 병상에 누워서 죽어 가는 사람들은 스스로 원기를 회복하고 다시 일어날 수 없었습니다. 그리고 어느 누구도 바다에서 폭풍을 잠잠케 할 수는 없었습니다.

그들은 결코 그렇게 할 수 없었습니다. 그들은 철저히 무능합니다. 그들이 할 수 있는 일이라고는 오직 고통 중에서 부르짖는 것뿐이었습니다.

그것이 구약이 제시하는 구원의 방법입니다. 그러나 여러분은 찬양받으실 우리 구주 그리스도 자신이 어떻게 구원을 제시하시는지를 기억합니까?

"나는 의인을 부르러 온 것이 아니요 죄인을 부르러 왔노라" (마 9:13).

"건강한 자에게는 의사가 쓸데없고 병든 자에게라야 쓸데있느니라"(마 9:12).

예수님은 '세리와 죄인의 친구'였습니다.[4]

그분의 어려움은, 단지 "아닙니다. 아니예요. 당신이 틀렸습니다. 인간을 하나님과 바른 관계에 있도록 만드는 것은 인간 스스로의 노력과 분투입니다. 우리를 하나님과 바른 관계에 놓을 수 있는 것은 바로 우리의 의로움입니다"라고 말한 바리새인 같은 자들에게 있었습니다.

그러나 우리 주님은 그들과 정확히 반대되는 말씀을 하셨습니다. 그러자 그들은 그분이 그렇게 말씀하셨다는 이유로 너무나 미워한 나머지 그분을 십자가에 못 박았습니다.

---

4. 눅 7:34 인자는 와서 먹고 마시매 너희 말이 보라 먹기를 탐하고 포도주를 즐기는 사람이요 세리와 죄인의 친구로다 하니.

그러나 그것이 복음 메시지의 본질입니다. 우리는 스스로의 능력을 높이 평가한 나머지 자기 자신에게 하나님과 바른 관계에 놓을 수 있는 능력이 있다고 믿습니다. 또한 우리는 자신의 노력과 도덕성이 실제로 우리 자신을 높이기에 충분하다고 생각합니다.

그러나 복음은 "너는 광야요 황무지이며 마른땅이고 극빈자다"라고 대답합니다. 그리고 놀랍게도 복음은 그런 우리의 상황이 바로 구원의 조건이라고 말합니다. 이것을 잘 표현한 찬송가가 있습니다.

"그분이 요구하시는 유일한 적절함은
그분에 대한 필요를 느끼는 것이라네."

조셉 하트(Joseph Hart)의 찬송시
'Come, ye sinners, poor and needy' 중에서

오직 그것뿐입니다. 사람들이 하나님께로 나올 때 그분이 기뻐하시는 모습이 바로 그것입니다. 하나님은 사람들이 이렇게 말하면서 나오는 것을 보고 기뻐하십니다.

"제 손에는 아무것도 없습니다.

단지 당신의 십자가를 붙들 뿐입니다.

벌거벗은 몸에 옷을 입혀 주실 당신에게로 나아옵니다.

무기력한 제가 은혜를 구하며 당신을 바라봅니다.

어리석은 제가 생명의 샘으로 나아갑니다.

저를 씻어 주소서.

구주여, 그리 아니하시면 제가 죽겠나이다."[5]

어거스투스 토플레디(Augustus Toplady)

"있는 모습 그대로, 단 하나의 탄원도 없이

오직 당신이 날 위해 피 흘리셨다는 사실 밖에는……."[6]

샬로트 엘리엇(Charlotte Elliott)

여러분은 이런 모습이 사람들이 생각하고 기대하는 모든 것의 반전임을 알지 못합니까? 사람들은 예수 그리스도를 단지 세상에 존재했던 가장 위대한 스승으로, 가장 위대한 도덕적 모범으로 생각하고 싶어합니다. 그리고 구원에 대한 신약의 말씀을 읽은 후에도, 신약을 해석한 주석과 설명을 들은 후에도,

---

5. 역자주 – 우리나라에서는 '만세 반석 열리니'(찬 494장)라는 찬송가로 불려지고 있습니다. 이 부분은 3절에 해당하는 부분입니다.

6. 역자주 – '큰 죄에 빠진 날 위해'(찬 282장)라는 찬송가로 불려지고 있습니다.

마음속에 그리스도의 그림을 가진 후에도 여전히 이렇게 말합
니다.

"이제 나는 그리스도와 같아질 거야. 그리스도를 닮은 자! 나
는 그분을 따를 거야. 위대한 희생을 할 거야. 돈과 높은 지위를
포기할 거야. 아프리카 심장부로 들어갈 거야. 나는 이런저런
일을 할 거야. 그러면 그분과 같아질 거야. 나는 기필코 그 일을
하고 말 거야!"

그러나 그것은 복음을 철저하게 부인하는 것입니다. 복음의
영광은, 우리가 아무것도 할 수 없을 뿐만 아니라 하나님도 우
리가 무엇인가를 할 수 있을 것이라고 기대하지 않으신다는 것
입니다.

하나님은 어느 누구에게도 오직 이것만을 요구하십니다. 그
것은 바로 여러분이 자신을, 하나님이 보시는 그대로 보는 것
입니다. 여러분이 자신의 죄를, 공허함과 비탄에 빠진 자신의
상황을 깨닫는 것입니다. 침상에 누워 죽어 있는 자신의 모습
을 그려 보는 것입니다. 두려운 심판의 날에 나타날 자신의 모
습을 그려 보는 것입니다. 하나님 앞에 서서 여러분에게 형벌
을 가하는 율법을 보는 것입니다. 그리고 산상수훈과 성도들,
그리스도 앞에 서는 것입니다.

그것은 여러분이 단지 "나는 죄인입니다. 나는 하나님을 몰

랐습니다. 나는 하나님을 사랑하지 않았습니다. 나는 하나님을 섬기지 않았습니다. 나는 내 자신을 위해 내 뜻대로 살았습니다. 나는 이기적이었습니다. 나는 잘못된 일인 줄 알면서도 그 일들을 했습니다"라고 말하는 것을 뜻합니다.

하나님이 우리에게 요구하시는 것은, 우리가 우리의 필요와 황무함, 광야 같은 상황을 보고, 그것을 고백하고 인정하는 것입니다. 즉, 우리가 그분에게로 달려가서 이렇게 말하는 것입니다.

"저는 옹호자가 없습니다. 저는 죄의 사면을 베풀어 달라고 탄원할 수가 없습니다. 저는 오직 이것 외에는 할 말이 없습니다. 제게 긍휼을 베풀어 주소서!"

회개, 그것이 하나님이 요구하시는 전부입니다.

온전히 의지하다

복음이 우리가 생각했던 모든 것의 반전이 되는 두 번째 관점은, 첫 번째 관점, 즉 구원이 우리에게 아무것도 요구하지 않는다는 것에서 나옵니다. 그러하기에 구원은 오직 철저히 하나님이 하시는 일, 하나님이 하신 일에 달려 있습니다. 시편 기자는 이렇게 말합니다.

"여호와께서는 강이 변하여 광야가 되게 하시며 샘이 변하여 마른땅이 되게 하시며, 그 주민의 악으로 말미암아 옥토가 변하여 염전이 되게 하시며, 또 광야가 변하여 못이 되게 하시며 마른땅이 변하여 샘물이 되게 하시고, 주린 자들로 말미암아 거기에 살게 하사 그들이 거주할 성읍을 준비하게 하시고, 밭에 파종하며 포도원을 재배하여 풍성한 소출을 거두게 하시며, 또 복을 주사 그들이 크게 번성하게 하시고, 그의 가축이 감소하지 아니하게 하실지라도, 다시 압박과 재난과 우환을 통하여 그들의 수를 줄이시며 낮추시는도다. 여호와께서 고관들에게는 능욕을 쏟아 부으시고 길 없는 황야에서 유리하게 하시나 궁핍한 자는 그의 고통으로부터 건져 주시고 그의 가족을 양 떼같이 지켜 주시나니"(33-41절).

처음부터 끝까지 그 일을 하시는 분은 오직 하나님입니다. 우리는 성경의 모든 곳에서 그것을 발견합니다. 여러분은 그 사실에서 벗어날 수 없습니다. 바울이 그것을 어떻게 제시하는지를 잘 들어 보십시오.

"내가 복음을 부끄러워하지 아니하노니."

왜 그렇습니까? 여기 그 대답이 있습니다.

"이 복음은 모든 믿는 자에게 구원을 주시는 하나님의 능력이 됨이라"(롬 1:16).

그것이 하나님이 하시는 일입니다. 그것은 하나님에게서 나온 의로움입니다. 구원의 본질은 하나님이 그리스도 안에서 하신 일입니다. 바울은 말합니다.

"우리는 십자가에 못 박힌 그리스도를 전하니……그리스도는……하나님의 지혜니라"(고전 1:23,24).

그리스도는 하나님의 능력입니다.

"하나님의 지혜에 있어서는 이 세상이 자기 지혜로 하나님을 알지 못하므로 하나님께서 전도의 미련한 것으로 믿는 자들을 구원하시기를 기뻐하셨도다"(고전 1:21).

세상은 그 지혜로 하나님을 알지 못했습니다. 플라톤(Plato), 소크라테스(Socrates)와 아리스토텔레스(Aristotle), 이 세상에 살았던 위대한 철학자들이 하나님을 찾으려고 노력했습니다. 그러나 그들은 찾지 못했습니다.

"이 세상이 자기 지혜로 하나님을 알지 못하므로."

인간은 최선을 다했고 모든 것을 했지만 결코 그곳에 이를 수 없었습니다. 바로 그때 '하나님께서 전도의 미련한 것으로 믿는 자들을 구원하시기를 기뻐'(고전 1:21)하셨습니다.

바울은 그것을 논하면서 하나님께서 인간이 가지고 있는 모든 개념을 어떻게 역전시키고 모든 체제와 모든 관점을 어떻게 완전히 뒤집어 놓으시는지를 보여 줍니다. 바울은 하나님이 인간의 지혜를 미련하게 하셨다고 말합니다. 그리고 같은 장에서 이렇게 말합니다.

"그러나 하나님께서 세상의 미련한 것들을 택하사 지혜 있는 자들을 부끄럽게 하려 하시고 세상의 약한 것들을 택하사 강한 것들을 부끄럽게 하려 하시며, 하나님께서 세상의 천한 것들과 멸시받는 것들과 없는 것들을 택하사 있는 것들을 폐하려 하시나니"(고전 1:27,28).

이것이 바로 복음입니다.

그런 다음에 다시 고린도후서 5장에서 바울은 하나님이 자신에게 이 복음, 화목하게 하는 이 메시지를 전하는 일을 맡겨 주셨다고 말합니다. 그 복음이 무엇입니까?

"곧 하나님께서 그리스도 안에 계시사 세상을 자기와 화목하게 하시며 그들의 죄를 그들에게 돌리지 아니하시고"(고후 5:19).

그 일을 하시는 분이 하나님입니다. 그것은 하나님의 행위입니다. 우리는 정반대로 스스로 무엇인가를 해야 한다는 개념에서 출발합니다. 그러나 성경의 대답은 그렇지 않습니다. 하나님이 그 일을 하십니다!

하나님 외에 누가 광야가 변하여 못이 되게 할 수 있습니까? 전능하신 하나님 외에 누가 마른땅으로 샘물이 되게 할 수 있습니까? 오직 하나님이 그 일을 하셨습니다. 구주 예수 그리스도 안에서, 그분을 통해서 그 일을 하셨습니다.

그것이 복음 메시지의 본질입니다. 그것은 떡과 포도주를 통한 성찬식에서 형상화됩니다. 떡과 포도주는 하나님의 독생자의 찢어진 몸과 흘린 피를 상징합니다. 그것이 하나님께서 구원을 행하시는 방법입니다.

하나님은 그리스도를 이 세상에 보내 주셨습니다. 성육신은 하나님의 행위입니다. 하나님은 자기 아들을 보내 주셨고, 아들이 입을 몸을 준비해 주셨습니다. 그것은 기적이었습니다. 그 일을 위하여 성령이 마리아에게 임하셨습니다. 그것이 동정녀 탄생입니다.

그것이 하나님이 구원을 행하시는 방법입니다. 하나님은 구원의 역사를 예수 안에서 행하셨습니다. 그것은 '우리 모두의 죄악을 그에게 담당시키시는'(사 53:6) 일이었습니다. 하나님은 여러분과 저의 죄를, 우리 모두의 죄를 독생자에게 담당시키셨습니다.

"하나님이 죄를 알지도 못하신 이를 우리를 대신하여 죄로 삼으신 것은 우리로 하여금 그 안에서 하나님의 의가 되게 하려 하심이라"(고후 5:21).

그것이 하나님이 하신 일입니다.

갈보리를 바라보십시오. 그러면 여러분은 그곳에서 하나님이 행하신 일을 볼 수 있을 것입니다. 그곳에서 무슨 일이 벌어지고 있습니까? 오, 그것은 단지 잔혹한 사람들이 하나님의 아들에게 사형을 집행한 사건이 아닙니다. 바리새인들과 서기관들과 로마의 권력은 단지 하나님이 사용하신 인간적인 도구였을 뿐입니다.

단순히 죄 없는 한 인간의 사형이 그곳에서 집행된 것이 아닙니다. 갈보리는 단순한 인간적인 비극이 아닙니다. 그것은 사람들이 스스로 행한 어떤 일도 아닙니다. 결코 그렇지 않습니다! 그것은 영원한 행위입니다. 하나님이 행하시는 일입니다.

하나님은 죄를 알지도 못하신 이로써 우리를 대신하여 죄로 삼으셨습니다. 하나님은 우리 모두의 죄악을 그에게 담당시키셨습니다. 그가 채찍에 맞음으로 우리가 나음을 입었습니다(사 53:5,6 참고). 예수님은 나무에 달리신 자신의 몸에 우리의 죄를 지셨습니다. 바로 이 일이 갈보리에서 일어난 것입니다. 그리고 그 일을 행하시는 분은 하나님입니다.

"또 광야가 변하여 못이 되게 하시며 마른땅이 변하여 샘물이 되게 하시고"(35절).

이 모든 것은 처음부터 끝까지 오직 하나님의 전능하신 행위입니다.

그렇다면 그것이 우리에게 무엇을 말해 줍니까? 여러분과 제가 이 위대한 구원을 얻기 위해 해야 할 것이 아무것도 없다는 것입니다. 하나님의 아들이 모든 것을 하셨습니다. 구원은 하나님께서 값없이 주시는 선물입니다. 구원은 우리가 죄 사함을 얻기 위해 시작해야 할 프로그램이 아닙니다.

하나님은 오직 한 가지 이유 때문에 우리를 용서해 주십니다. 그것은 바로 하나님이 자신의 아들 안에서 우리의 죄를 벌하셨다는 것입니다. 우리를 용서하신 것은 우리의 탄원 때문이 아닙니다. 우리의 회개나 우리의 행위 때문도 아닙니다. 구원은 하나님이 값없이 주시는 선물입니다. 그러하기에 우리가 지금 이 순간에 즉시 구원을 얻을 수 있는 것입니다. 우리는 더 이상 기다리거나 지체할 필요가 없습니다.

"이제 저는 천국에 가고 싶습니다. 저는 그리스도인이 되고 싶습니다. 그래서 저는 이제부터 이런 일들을 할 것입니다. 그것은……"이라고 말해 봤자 소용이 없습니다. 그것이 구원을 줄 수는 없습니다.

사랑하는 여러분! 그렇게 말하는 순간 여러분은 잘못된 길을 가고 있는 것입니다. 여러분은 단지 아무것도 가진 것이 없는 자로 나와서 하나님께서 값없이 주시는 선물을 받기만 하면 됩니다.

그것은 거의 2천 년 전, 갈보리 언덕 위의 십자가에서 이루어진 놀라운 거래 안에서 행해진 일입니다. 온전하고도 완벽하며 충분한 구원이 그곳에서 마련되었습니다. 하나님의 아들이 "다 이루었다"라고 말씀하셨기 때문입니다.

여러분도 그분이 그렇게 말씀하시는 것을 들었습니까? 여러분과 저를 구원하기 위해 필요한 모든 일이 그곳에서 행해졌습니다. 그것은 곧 우리의 죄악을 제거하고 죄를 말소하며, 하나님과 화목케 하고 우리를 하나님의 자녀로 만드는 것이었습니다. 그것은 여러분이 세상에 태어나기도 전에 이미 다 이루어졌습니다.

여러분이 해야 할 일은 단지 갈보리에서 행해진 그 일을 믿고, 값없이 주시는 구원의 은혜를 받는 것뿐입니다. 이 얼마나 우리의 생각을 완벽하게 뒤집는 반전입니까! 그것이 하나님의 방법입니다. 그것이 기독교의 구원입니다.

믿음으로 살리라

마틴 루터는 바로 이것을 보았습니다. 그래서 그는 우리가 기억하는 사람이 될 수 있었습니다. 그리고 그것이 제가 지금 여러분의 관심을 촉구하고 있는 것입니다.

경건함을 추구했던 탁월한 젊은이가 있었습니다. 그는 하나님을 알기를 원했고, 그래서 수도사가 되었습니다. 그는 자기

방에서 금식하고 있었습니다. 금식이 자신의 구원에 도움을 줄 것이라고 믿었기 때문입니다. 선행을 하고 자선을 베풀며 성경을 공부하고 자신을 온전하게 하려고 노력하면서 하나님과 바른 관계에 있기 위해 노력했습니다.

그는 성찬식에 참석했습니다. 교회가 가르쳐 준 대로 성찬식을 통해 물질적으로 은혜가 들어온다고 믿었기 때문입니다. 떡을 먹을 때 그는 자신이 하나님의 아들의 몸을 먹고 있다고 믿었습니다. 그는 이 모든 행위를 통해 은혜가 들어온다고 믿었습니다. 하나님이 은혜를 있는 그대로 자신 안에 넣어 줄 것이라고 믿었습니다.

그는 교회의 모든 명령과 지시를 따랐습니다. 그러나 그는 여전히 비참하고 불행하며 슬프고 불안했습니다. 그는 다른 방식들도 모두 따랐습니다. 그러나 그는 성경을 읽다가 갑자기 그 모든 것이 얼마나 잘못되었는지를 깨달았습니다.

다음의 구절이 그의 영혼 속에 섬광처럼 비쳐 들어왔습니다. 성령이 그의 마음을 열어서 보게 하신 것입니다.

"오직 의인은 믿음으로 말미암아 살리라"(롬 1:17).

그는 구원을 얻기 위해 자신이 할 수 있는 일이 없다는 것을 깨달았습니다. 하나님이 이미 구원의 역사를 행하셨으며, 자신은 단지 받아들이기만 하면 된다는 것을 깨달았습니다. 그리스도가 모든 것을 행하셨습니다. 그리스도가 죽임을 당하셨습니다. 그리고 그곳에서 값없이 주시는 선물로 마틴 루터에게 구원을 베풀어 주셨습니다.

그러자 무슨 일이 일어났는지를 아십니까? 마틴 루터가 찬양하기 시작했습니다. 전에 그는 찬양하지 않았습니다. 만일 하나님을 만나기 위해 스스로를 합당한 모습으로 만들어야 하며, 그러기 위해 노력해야 한다면, 여러분에게는 찬양할 시간이 별로 없을 것입니다. 오히려 계속되는 실패 때문에 여러분은 여생을 애통해하며 보낼 것입니다.

그러나 루터가 이것을 깨달은 그 순간 그는 찬양하기 시작했습니다. 그는 기뻐하기 시작했습니다. 그리고 말했습니다.

"'여호와의 인자하심과 인생에게 행하신 기적으로 말미암아 그를 찬송할지로다'(8절). 나는 황무한 광야였다. 아무것도 내 안에서 자란 것이 없었고 내 영혼은 텅 비어 있었다. 그러나 이제 샘물이 솟아나고 있다."

그는 위대한 찬송을 한 절 한 절, 한 곡조 한 곡조 쓰기 시작했습니다. 그리고 종교 개혁의 깃발을 올렸으며, 모두가 그와 함께 찬양을 부르기 시작했습니다.

구원은 우리의 황무함과 공허함, 비탄을 알고 고백하는 것 외에, 우리에게 아무것도 기대하거나 요구하지 않습니다. 우리는 단지 고통 가운데서 하나님께 부르짖기만 하면 됩니다. 그리고 하나님께서, 우리를 구원하기 위해 필요한 모든 일을 자신의 독생자 안에서 모두 하셨다는 것을 깨닫기만 하면 됩니다. 그 것은 온전한 구원이며 값없이 주신 구원이요, 그리스도 안에 있는 모든 것입니다.

"의로운 자가 아닌
죄인들을 예수님은 오라고 부르시네."

조셉 하트(Joseph Hart)의 찬송시
'Come, ye sinners, poor and needy' 중에서

여러분은 그 사실을 알고 있습니까? 여러분은 그것을 깨달았 습니까? 그것을 깨닫지 못했기 때문에 지금까지 즐거워하지도 못했고, 노래하지도 않았던 것이 아닙니까?

여러분은 항상 교회의 일원으로, 선한 사람으로, 도덕적인 사 람으로, 그리스도를 닮아 가는 자로, 성도들을 닮아 가는 자로, 스스로를 그리스도인으로 만들어 가고 있다는 생각을 가지고 살아왔을지도 모릅니다. 그러나 그것은 본질적이고도 결정적 인 오류입니다. 그에 대한 대답은 이것입니다.

"또 광야가 변하여 못이 되게 하시며 마른땅이 변하여 샘물

이 되게 하시고"(35절).

단지 하나님께로 돌아오십시오. 그리고 그분께 부르짖으십시오. 그러면 그분께서 우리 구주 예수 그리스도 안에서 응답하시고, 여러분에게 온전한 공급을 계시해 주실 것입니다. 그때 여러분은 즉시 기뻐하면서, 시편 기자의 초대를 받기를 열망하게 될 것입니다.

"여호와의 속량을 받은 자들은 이같이 말할지어다"(2절).

"여호와의 인자하심과 인생에게 행하신 기적으로 말미암아 그를 찬송할지로다"(8절).

그렇습니다. 모든 일 가운데서 가장 놀라운 일, 그것은 십자가에서 행하신 일입니다!

8장 *True Christianity*

진정한 기독교

또 광야가 변하여 못이 되게 하시며 마른땅이 변하여 샘물이 되게 하시고, 주린 자들로 말미암아 거기에 살게 하사 그들이 거주할 성읍을 준비하게 하시고, 밭에 파종하며 포도원을 재배하여 풍성한 소출을 거두게 하시며, 또 복을 주사 그들이 크게 번성하게 하시고 그의 가축이 감소하지 아니하게 하실지라도……정직한 자는 보고 기뻐하며 모든 사악한 자는 자기 입을 봉하리로다. 지혜 있는 자들은 이러한 일들을 지켜보고 여호와의 인자하심을 깨달으리로다.   시 107:35-38, 42,43

시편 기자는 네 가지 그림을 보여 준 후에 적용으로 들어갑니다. 그가 우리를 이끌고 가는 마지막 결론은 43절입니다.

"지혜 있는 자들은 이러한 일들을 지켜보고 여호와의 인자하심을 깨달으리로다."

우리가 하나님을 한 번도 찬양하지 않았다면, 마음속에 하나님을 향한 찬양의 노래를 품는 것이 어떤 것인지를 모른다면, 그것은 오직 무지함 때문입니다. 그것은 지혜의 부족 때문이며, 지식의 부족, 이해의 부족, 분별력과 관찰력의 부족 때문입니다.

하나님과 올바른 관계에 있지 않고, 하나님을 경배하고 찬양하지 않는 사람은 누구나 무지하다고 성경은 말합니다. 성경은 그런 사람에 대해 '어리석음'이라는 단어를 사용합니다.

"어리석은 자는 그의 마음에 이르기를 하나님이 없다 하는도다"(시 14:1).

어리석음은 지식과 이해의 부족을 의미합니다. 그런 사람들은 생각하지 않습니다. 또한 관찰하지도, 눈으로 보지도 않습니다. 또한 실제로 삶 속에서 자신이 보는 것에 주목하지 않습니다. 그리고 필연적인 추론과 결론을 끌어내지도 않습니다. 그래서 성경은 그들에게 깨어나서 보고 깨닫고 관찰하라고 요구합니다. 그러나 그것이야말로 우리가 가장 하기 싫어하는 일이 아닙니까?

우리는 모두 각자의 편견을 가지고 출발합니다. 그리고 그런 편견들을 집요하게 붙잡습니다. 그것이 아니라면 그런 편견들이 우리를 그 손아귀에 단단히 붙잡고 있다고 말해야 할 것입니다. 우리는 그 손아귀에서 빠져나올 수가 없습니다. 그런 편견들은 우리가 생각하는 것을 내버려 두지 않습니다. 그리고 우리가 사실을 직시하는 것도 허락하지 않습니다. 그래서 우리는 계속해서 생각 없이 흘러갈 뿐입니다.

행동하기 전에 먼저 생각한다면 삶이 아주 달라질 것이라는 데는 모든 사람이 동의할 것입니다. 저는 어느 누구도 의도적으로 잔혹하거나 불친절하거나 짐승같이 행동한다고는 생각하지 않습니다. 그러나 실제로 많은 사람들이 그렇게 행동합니다.

많은 사람들이 자신이 어떤 문제를 일으키게 될지를 미리 생각한다면 그런 일을 하지 않을 것입니다. 그러나 그들은 미리 생각하지 않습니다. 설사 생각한다 하더라도 그것은 부분적이고도 불완전합니다. 그들은 관찰하지도 않습니다. 그러하기에 지혜롭지 않습니다.

또한 그들은 이해하지도 못합니다. 특별히 시편 기자는 모든 사람이 하나님을 경배하고 찬양하지 않는 유일한 이유가, 하나님에 대한 진리를 이해하지 못하기 때문이라고 말합니다.

이것은 마치 성경 그 자체에 모순이 있는 것처럼 보입니다. 성경은 한편에서는 우리의 모든 생각과 노력으로 스스로 그리스도인이 될 수도 없으며 구원받을 수도 없다고 말합니다. 그런데 다른 한편에서는 타락하고 심판을 받게 되는 것이 우리가 생각하지 않고 상황을 힘써 해결하거나 추론하지 않기 때문이라고 말합니다.

즉, 성경은 우리가 삶을 진정 있는 그대로 관찰하기만 한다면, 진정 논리와 추론을 펼쳐 가기만 한다면, 결국 하나님을 믿을 수밖에 없다고 말합니다. 성경은 그것을 다양한 방식으로 말합니다.

먼저 창조에 대한 주장을 들어 봅시다. 여러분은 그토록 다양한 모양과 다채로운 색을 지닌 꽃들이 단지 우연의 산물일 뿐이라고 믿습니까? 천체와 별, 창공의 경이로움을 생각해 보십시오. 자연의 모든 풍요로움과 다양함을 생각해 보십시오. 산과 강, 드넓은 들판의 모든 부요함과 다양함을 생각해 보십시오. 그 모든 것이 단지 우연히 존재하는 것입니까?

성경은 하나님이 친히 손가락으로 그 모든 것을 지으셨다고 대답합니다. 그러하기에 여러분이 정말로 추론하고 생각한다면 그것들을 손가락으로 지으신 분을 볼 수 있을 것입니다.[1]

바울은 로마서 1장에서 우리가 변명할 수 없다고 말합니다.

"창세로부터 그의 보이지 아니하는 것들, 곧 그의 영원하신 능력과 신성이 그가 만드신 만물에 분명히 보여 알려졌나니, 그러므로 그들이 핑계하지 못할지니라"(롬 1:20).

피조물은 모든 것 뒤에 계신 창조자 하나님을 보여 주는 증거입니다. 그러나 우리는 관찰하지 않습니다. 우리는 보지 않습니다. 생각하지도 않습니다. 그리고는 이렇게 말합니다.

"아, 아주 아름다운 꽃이군요. 그 꽃들은 이 정도의 가격이면 살 수 있어요. 아니면 정원에서 꺾을 수도 있지요. 놀랍군요!"

우리는 거기에서 멈출 뿐 더 이상 나아가지 않습니다. 그러나 그 꽃들이 어디에서 온 것입니까? 모든 만물을 어떻게 설명할 수 있습니까? 성경과 시편 기자는 이렇게 말합니다.

"당신이 하나님을 찬양하지 않는다면, 그 이유는 오직 한 가지뿐입니다. 당신은 눈으로 당신의 주변에서 어떤 일이 일어나고 있는지를 보지 않습니다. 삶을 보십시오. 창조의 장뿐만 아니라 역사의 장을 읽어 보십시오. 그러면 분명한 결론에 이르게 될 것입니다."

시편 기자는 자신이 직접 관찰한 놀라운 결과들을 보여 줍니다. 우리는 이미 그 결과 가운데 일부를 살펴보았습니다. 시편

---

1. 시 8:3 주의 손가락으로 만드신 주의 하늘과 주께서 베풀어 두신 달과 별들을 내가 보오니.

기자는 우리가 오직 눈을 열어 관찰하기만 한다면 곧 하나님의 위대하심과 능력을 확신하게 될 것이라고 말합니다.

실제 상황은 겉으로 보이는 것과는 다릅니다. 그런데도 여러분은 피상적으로 삶을 봅니다. 그리고 그 모든 상황이 스스로의 추진력으로 움직이며, 위대한 사람들이 삶을 결정한다고 생각합니다.

2차 세계대전 때뿐만 아니라 그 전에도 우리는 신문에서 전체 역사와 온 인류의 운명이 다섯 사람의 손안에 있다고 읽었습니다. 그리고 그것이 사실인 것처럼 보였습니다. 그러나 그것은 허황된 거짓입니다. 그 다섯 사람이 지금 어디에 있습니까? 그들은 모두 역사의 뒤안길로 사라져 버렸습니다. 우리는 그들의 이름조차 거의 잊어버렸습니다. 왜 그렇습니까? 하나님이 그들을 데려가셨기 때문입니다. 하나님은 그들을 입김으로 불어 버리셨습니다.

"여호와께서 고관들에게는 능욕을 쏟아 부으시고"(40절).

우리는 앞에서 영원한 심판자인 하나님의 능력과 위엄과 위대하심을 보았습니다. 그러나 우리는 역사를 피상적으로 읽습니다. 우리는 알렉산더(Alexander) 대왕과 줄리어스 시저(Julius Caesar), 나폴레옹(Napoleon) 같은 사람들에 대해 이야기합니다. 그러나 그들의 왕조와 제국은 이제 흔적도 없이 사라졌습니다.

다니엘은 우리가 '알렉산더 대왕' 이라고 부르는 사람을 적절하게 지칭했습니다. 그는 알렉산더 왕을 '한 숫염소' 라고 부릅니다.[2] 다니엘은 알렉산더 왕 같은 사람들이 어디에 있으며 그들의 진정한 실상이 무엇인지를 정확하게 보여 주었습니다.

시편 기자는 우리의 눈을 사용하라고 말합니다. 여러분의 삶이 하나님의 손안에 있기 때문에 여러분이 하나님에게서 벗어나거나 독립적인 태도를 취할 수 없다는 것을 볼 수 있습니까? 여러분은 지금 이곳에 있습니다. 그러나 내일 밤에는 어디에 있을까요? 여러분은 모릅니다. 우리의 시간은 주의 손안에 있습니다.[3]

"살아 계신 하나님의 손에 빠져 들어가는 것이 무서울진저" (히 10:31).

시편 기자는 말합니다. "자신의 주변에서 무슨 일이 일어나고 있는지를 추론하십시오. 지혜로워지십시오. 관찰하십시오. 보십시오. 하나님을 향해 침을 뱉던 자들이 지금 어디에 있습

---

2. 단 8:5 내가 생각할 때에 한 숫염소가 서쪽에서부터 와서 온 지면에 두루 다니되 땅에 닿지 아니하며 그 염소의 두 눈 사이에는 현저한 뿔이 있더라.

3. 시 31:15 나의 앞날이 주의 손에 있사오니 내 원수들과 나를 핍박하는 자들의 손에서 나를 건져 주소서.

니까?"

또한 그는 어떤 의미에서 가장 큰 비극은 사람들이 하나님의 구원을 관찰하지 않는 것이라고 말합니다. 그들은 하나님의 능력과 위대하심에 대해 무지할 뿐만 아니라 하나님이 우리의 구원에 대해 행하신 것에 대해서도 눈이 멀었고 알지 못합니다.

우리는 앞 장에서 하나님의 구원이 우리가 생각했던 것과는 완전히 다르다는 것을 보았습니다. 그리고 또 다른 한 가지를 보았습니다. 그것은 바로 우리의 구원이 우리에게 조금도 달려 있지 않다는 것입니다. 우리의 구원은 철저히 하나님이 그분의 독생자, 우리 주요 구주이신 예수 그리스도 안에서 행하신 일의 결과입니다.

구원의 특징

시편 기자는 우리가 본성적으로 눈이 멀어 하나님의 구원의 놀라운 특징을 전혀 관찰하지 못한다고 말합니다. 그는 지금부터 살펴볼 35-38절에서 그것을 시적인 비유로 제시합니다.

"또 광야가 변하여 못이 되게 하시며 마른땅이 변하여 샘물이 되게 하시고, 주린 자들로 말미암아 거기에 살게 하사 그들이 거주할 성읍을 준비하게 하시고, 밭에 파종하며 포도원을 재배하여 풍성한 소출을 거두게 하시며, 또 복을 주사 그들이 크게 번성하게 하시고 그의 가축이 감소하지 아니하게 하실지라도."

구약에서 구원의 복은 대부분 물질적인 것으로 표현됩니다. 하나님이 인간에게 말씀하실 때 항상 그들의 수준에 맞추어 말씀하신다는 사실은 하나님의 놀라운 겸손을 완벽하게 보여 줍니다. 구약에서 하나님은 복 주시려는 열망을 계시하셨습니다. 그리고 복 주시는 그분의 방법은 이 시편에서 묘사하는 대로 물질적인 풍요로움이었습니다. 그러나 그것은 신약의 복과 같은 진리, 같은 메시지를 보여 주는 그림일 뿐입니다.

우리는 그것을 신약에서 더욱 영적인 형태로 봅니다. 시편 기자는 말합니다.

"또 복을 주사 그들이 크게 번성하게 하시고"(38절).

사도 바울은 에베소서에서 '그 은혜의 지극히 풍성함'[4]과 '측량할 수 없는 그리스도의 풍성'[5]에 대해 말합니다. 시편과 에베소서에서 말하는 것은 정확히 일치합니다. 구약에서 그림

---

4. 엡 2:7 이는 그리스도 예수 안에서 우리에게 자비하심으로써 그 은혜의 지극히 풍성함을 오는 여러 세대에 나타내려 하심이라.
5. 엡 3:8 모든 성도 중에 지극히 작은 자보다 더 작은 나에게 이 은혜를 주신 것은 측량할 수 없는 그리스도의 풍성함을 이방인에게 전하게 하시고.

을 주시고 신약에서 지극히 풍성함으로 복을 주시는 분은 동일한 하나님입니다.

계속해서 구원의 복이 가진 놀랍고도 경이로운 특징을 생각해 봅시다. 우리는 구원이 죄의 용서를 뜻한다는 것을 살펴보았습니다. 그러나 사실 구원은 그보다 더 많은 것을 의미합니다. 죄의 용서는 오직 시작에 불과합니다.

하나님의 행사

놀라운 것이 뒤따라옵니다. 그것이 무엇입니까? 시편 기자의 그림을 해석하면서 그것을 설명하겠습니다. 위대한 구원의 첫 번째 특징은, 그것이 영혼 안에서 역사하시는 하나님의 행사라는 것입니다. 시편 기자는 말합니다.

"또 광야가 변하여 못이 되게 하시며 마른땅이 변하여 샘물이 되게 하시고"(35절).

이 행사는 기적입니다.

광야에서 갑자기 풍성한 물이 넘쳐나게 하는 것은 가장 하기 어려운 일입니다. 광야는 황폐한 바위 투성이의 땅입니다. 그곳에서는 물 한 방울도 찾을 수 없으며 아무것도 없습니다. 그런데 갑자기 이 광야가 못이 됩니다. 언제나 물이 없어 문제를 겪었던 마른땅 곳곳에서 갑자기 세차게 뿜어져 나오는 풍성한 샘물을 발견합니다. 그런 변화가 일어나는 데 우리가 한 일은 아무것도 없습니다. 그러나 그 일은 일어났습니다!

그것이 바로 하나님만이 하실 수 있는 기적입니다. 하나님의 영원하고도 창조적인 능력을 드러내는 기적입니다. 하나님은 다양한 방법과 수단을 통해 직접 일하십니다. 그것은 하나님이 자신의 법을 어기는 것이 아닙니다. 하나님은 직접적인 방법이나 간접적인 방법, 이런저런 방법들을 택하실 수 있습니다. 하나님은 직접 기적을 행하시며, 직접 무(無)에서 유(有)를 만들어 내십니다. 그분의 위대한 창조 능력을 행사하시는 것입니다.

그리스도인이 된 것이야말로 기적적인 일입니다. 어느 누구든지 그리스도인이 되는 것은 기적입니다. 따라서 그리스도인이 되는 것을 단지 선한 사람이 되는 것으로 정의하는 자들과 격렬한 논쟁을 벌이게 됩니다. 그들은 그리스도인을 스스로의 의지로 선한 삶을 살려고 노력하는 사람으로 정의합니다.

그러나 그렇게 말하는 것은 하나님의 영광을 훔치는 것입니다. 그리고 그리스도인의 영광스러운 지위를 이해하지 못하는 것입니다. 한 사람을 그리스도인이 되게 하신 분은 하나님입니다. 그분이 영혼에게 행하신 일입니다. 창조자가 그를 붙들어 옛 자아를 부수고 새로운 자아로 다시 만드신 것입니다.

구약의 선지자들의 그림을 사용한다면, 하나님은 진흙으로 아름다운 그릇을 빚는 토기장이와 같습니다.[6] 더 심오한 그림을 사용한다면, 하나님은 약간 손상을 입은 진흙으로 만든 그릇을 먼저 부순 다음에 새로운 틀 속에서 새로운 형태를 가진 다른 그릇으로 만드는 토기장이와 같습니다.

그것은 바로 한 사람이 그리스도인이 될 때 일어나는 일입니다. 그것은 기적을 만들어 내는 행위입니다. 전능하신 하나님이 친히 하시는 행위이지, 인간이 하는 것이 아닙니다. 또한 그 일은 설교자가 성도들을 설득해서 무엇인가를 하게 하는 것이 아닙니다. 진정 그 일을 하시는 분은 오직 하나님입니다!

그러한 기적을 일으키는 것은 설교가 아닙니다. 철학도 아닙니다. 신학도 아닙니다. 오직 전능하신 하나님이 친히 하시는 직접적인 행위입니다. 광야가 못이 되고 마른땅이 샘물이 되는 것은 오직 하나님만이 하시는 일입니다.

물론 기적이기 때문에 우리는 그것을 이해할 수 없습니다. 저는 오히려 기적을 이해하려고 하는 사람의 심리에 어떤 문제가 있다고 생각합니다. 정의로 기적을 이해할 수는 없습니다. 그렇다면 기적이 하나님의 직접적인 행위라고 주장할 때, 저는

---

6. 렘 18:2 너는 일어나 토기장이의 집으로 내려가라. 내가 거기에서 내 말을 네게 들려주리라 하시기로.

기적을 어떻게 이해하고 있는 것일까요? 어떻게 인간이 그것을 이해할 수 있습니까?

광야가 못이 되는 역학과 기법을 이해하려고 해 봤자 소용이 없습니다. 원한다면 시도할 수는 있습니다. 지질학자에게 상담할 수도 있습니다. 그러나 만일 그들이 정직하다면, 그들은 모른다고 대답할 것입니다. 그런 일은 일어날 수 없다고 말할 것입니다.

저는 이제까지 그런 것을 본 적이 없습니다. 그러나 그런 기적을 인정합니다. 전에는 광야였지만 지금은 못으로 변한 곳을 알고 있습니다. 어떻게 그런 일이 일어났는지는 모릅니다. 지리학자들도 법칙에 맞지 않는 일이기 때문에 그 원인이나 방법을 모릅니다. 그 일은 그들의 이해의 범위를 벗어난 초자연적인 일입니다. 그래서 기독교적입니다.

찬양받으실 주님이 친히 요한복음 3장에서 그에 대해 완벽히 해석해 주셨습니다. 우리는 니고데모를 얼마나 잘 이해합니까! 니고데모는 예수님을 만납니다. 그는 예수님을 관찰하고 있었으며, 그분의 설교를 들었습니다. 그리고 어떤 결론을 끌어냈습니다. 그래서 니고데모는 밤에 예수님께 가서 말합니다.

"우리가 당신은 하나님께로부터 오신 선생인 줄 아나이다. 하나님이 함께하시지 아니하시면 당신이 행하시는 이 표적을 아무도 할 수 없음이니이다"(요 3:2).

그러고 나서 막 이렇게 질문하려고 했습니다.

"말씀해 주십시오. 어떻게 선생님은 그런 놀라운 일을 행하십니까? 선생님은 무슨 능력을 갖고 계십니까? 어떻게 그 능력을 얻으셨습니까? 도대체 그것이 무엇입니까?"

그러나 우리 주님은 즉시 그의 말을 막으십니다. 예수님은 니고데모가 더 이상 질문하는 것을 허용하지 않습니다.

"진실로 진실로 네게 이르노니, 사람이 거듭나지 아니하면 하나님의 나라를 볼 수 없느니라"(요 3:3).

니고데모는 말합니다.

"아니예요. 아닙니다. 저는 그 말씀을 이해하지 못하겠어요. 이렇게 나이 든 저에게 다시 태어나야 한다고 아무리 말씀해도 전혀 소용이 없지 않습니까? 사람이 늙으면 어떻게 날 수 있습니까? 두 번째 모태에 들어갔다가 날 수 있습니까?"

예수님의 말씀은 합리적이지 않게 들립니다. 그분의 말씀은 이 세상의 삶에서 보는 일반적인 법칙과는 맞지 않는 것 같습니다. 세상의 모든 이치는 우리에게 모든 일에는 원인과 결과가 있다고 말합니다.

그러나 예수님은 지금 거듭나는 것에 대해 이야기하고 계십니다. 그것도 나이 든 사람에게 말입니다. "어떻게 이 일이 일어날 수 있습니까?" 가엾은 니고데모가 기적을 이해하려고 노력하는 모습을 상상해 보십시오. 그러나 우리는 기적을 이해할 수 없습니다. 그런데 우리 주님이 니고데모에게 돌이켜 말씀하십니다.

"바람이 임의로 불매 네가 그 소리는 들어도 어디서 와서 어디로 가는지 알지 못하나니, 성령으로 난 사람도 다 그러하니라"(요 3:8).

바람이 어디에서 오며 어디로 갑니까? 여러분은 그것을 알 수 없습니다. 성령으로 태어난 사람도 그와 같습니다. 성령의 임재와 능력은 우리의 분석력을 벗어납니다. 여러분은 그것을 이해하지 못합니다. 단지 그 영향력과 결과만을 볼 뿐입니다.

우리는 옷자락이 미풍에 흩날리는 것을 봅니다. 태풍이 오면 지붕이 날아가기도 합니다. 그러나 우리는 태풍에 대해 거의 알지 못합니다. 그것은 신비이며 경이로움입니다. 우리의 이해력을 벗어나는 것은 우리의 영역 너머에 있는 것입니다. 성령으로 거듭난 사람도 그와 같습니다.

그리스도인이 되는 것에 대해 여러분도 그렇게 생각합니까? 그것이 그리스도인에 대한 진리라는 것을 깨달았습니까? 다른 사람들뿐만 아니라 그리스도인 자신도 이해할 수 없는 무엇인가가 그리스도인에 대한 진리임을 깨달았습니까? 그들은 자신이 어떻게 그리스도인이 되었는지를 모릅니다. 그러나 그 일이 일어났다는 것은 압니다. 그것이 전부입니다. 그래서 하나님의 행사는 바람과 같습니다.

영혼에게 행하시는 하나님의 행위는 전능하신 하나님의 기적적인 행사입니다. 여러분이 그리스도인이 될 때 일어나는 일은, 하나님이 여러분을 붙들고 여러분 안에서 무엇인가를 하신다는 것입니다. 그것이 기독교입니다.

그래서 저는 결단을 설교하지 않습니다. 거듭남을 설교합니다. 저는 성령으로 인간의 영혼 안에서 행하시는 하나님을 설교할 뿐 다른 것은 설교하지 않습니다. 광야가 못이 되고 마른 땅이 샘이 되는 것이 바로 기독교입니다.

완전한 변화

앞에서 제가 말씀드린 것에 필연적으로 따라오는 구원의 두 번째 특징은, 하나님이 영혼 안에서 행하시는 변화가 완전한 변화라는 것입니다. 여러분은 광야가 못이 되고 마른땅이 샘이 되는 것보다 더 완전한 변화를 상상할 수 있습니까? 그것은 완전한 대조입니다.

그런 완전한 변화가 그리스도인이 될 때 한 사람에게서 일어납니다. 그것은 단순히 삶의 표면에서 일어나는 변화도 아니고 피상적인 개선도 아닙니다. 이미 우리가 갖추고 있는 모습에 단지 어떤 것을 덧붙이는 것도 아닙니다. 그것은 본질의 철저한 변화입니다.

그러나 매우 많은 사람이 기독교를 피상적으로만 생각합니다. 그들은 사람들이 그리스도인이 될 때 표면적인 변화가 일어난다고 생각합니다. 그들은 술을 끊거나 그와 비슷한 몇 가지 일을 그만둡니다. 분명히 그들의 행동에는 피상적인 변화가 있습니다. 그들은 더 나은 사람이 됩니다.

그들은 어떤 일들을 그만둡니다. 그리고 다른 것들이 그들의 삶에 더해집니다. 그들은 전에도 좋은 사람이었습니다. 그러나 지금은 그에 덧붙여 종교적인 사람이 됩니다. 그러나 그것은 그리스도인이 되었을 때 일어나는 변화가 아닙니다.

한 사람을 그리스도인으로 만드는 기적을 행하실 때 하나님은 본질을 변화시킵니다. 광야를 지질학적으로 분석해 보시오. 그리고 그 광야가 못이 된 후에 다시 분석해 보십시오. 분명히 여러분은 두 가지가 완전히 다르다는 것을 알게 될 것입니다.

마른땅으로 가 보십시오. 여러분은 구멍을 뚫고 조사합니다. 그리고 그곳에는 더 이상 물이 없다는 결론을 내립니다. 점 지팡이로 수맥을 찾는 사람을 불러들이지만, 그도 "물의 흔적이 전혀 없습니다"라고 말할 뿐입니다. 못이 없습니다. 어디에도 물의 흔적이 없습니다.

그러나 계속 가다 보면 수맥 찾는 사람의 지팡이가 아래로 끌려 내려가는 것을 발견하게 될 것입니다. 앞의 마른땅과는 토양의 성질이 완전히 다릅니다. 이것이 바로 그리스도인이 되는 것입니다. 그것은 좀 더 나은 사람이 되는 것이 아닙니다. 그리스도인이 되는 것은 새로운 본질을 갖는 완전한 변화입니다.

사도 바울은 그리스도께서 성령을 통해 하신 이 일이 '먹으로 쓴 것이 아니요 오직 살아 계신 하나님의 영으로 쓴 것'(고후 3:3)이라고 말합니다. 사람들이 그리스도인이 될 때 일어나는 변화는 삶의 표면에서 일어나는 것이 아니라 그들의 마음에서 일어나는 변화입니다. 그리스도인들은 새로운 마음을 받습니다. 그들은 거듭납니다. 신약적인 용어로 '새로운 피조물, 새사람'이 됩니다. 그것이 바로 광야와 못의 차이입니다.

다시 한번 말씀드립니다. 기독교는 단순한 덧붙임이 아닙니다. 기독교는 급진적이고도 본질적인 변화입니다. 전에는 그곳에 물이 없었습니다. 그러나 지금은 물로 가득 차 있습니다. 그리스도인에게 일어나는 변화는 그렇게 큰 것입니다. 전에는 존재하지 않았던 어떤 것이 그리스도인 안에 들어온 것입니다. 그것이 기독교입니다. 전능하신 하나님이 여러분에게 생명의 선물을 주시는 것입니다.

한 사람이 그리스도인이 될 때 하나님은 이런 새로운 원칙을 그 사람 안에 넣어 주십니다. 그리하여 실제로 우리는 이전과는 완전히 다른 존재가 됩니다. 우리는 새로운 이해를 갖게 됩니다. 전에 우리는 성경의 메시지를 전혀 이해하지 못했습니다. 뿐만 아니라 성경은 철저히 지루한 책일 뿐이었습니다. 그러나 이제 우리는 성경을 이해하기 시작하며, 성경은 우리에게 말하기 시작합니다.

'새사람'은 새로운 이해력과 새로운 관점을 가집니다. 그런 사람은 새로운 갈망과 취향을 갖게 됩니다. 성경을 좋아합니다. 기도를 좋아합니다. 새사람은 하나님의 사람들과 만나고 함께하는 것을 좋아합니다. 전에는 성도들을 철저히 지루한 사람으로 여겼지만 이제는 세상의 어느 누구보다도 그들과 함께 있는 것을 좋아합니다.

그리스도인이 아닌 왕과 여왕과 함께 궁전에서 사는 것보다 가장 겸손한 성도와 함께 오두막에서 밤을 새워 이야기하는 것을 더 좋아합니다. 그것이 여러분이 그리스도인인지를 알아볼 수 있는 시금석입니다. 새로운 본질은 새로운 것들을 요구합니다. 새로운 관심을 소유하고 새로운 소망과 새로운 능력을 소유합니다.

이제 제가 할 수 있는 것보다 구원의 특징을 더 잘 보여 주는 예를 말씀드리겠습니다. 저는 여러분에게 수천 가지 예도 말씀드릴 수 있습니다. 그러나 지금은 한 가지 특별한 이야기만 말씀드리겠습니다. 오늘 이 책이 제 손에 들어왔습니다.

이 책은 한 메소디스트(Methodist) 설교자의 이야기를 담고 있습니다. 그는 18세기 말에 태어나 19세기까지 살았던 사람입니다. 그가 어떻게 그리스도인이 되었는지를 들어 보십시오. 그는 자신에게 일어난 사건을 보면서 이렇게 말합니다.

"차라리 내 존재 자체를 의심할지언정 하나님이 나를 받아 주셨다는 것을 의심할 수는 없을 것이다. 내 안에서 솟아나는 감당할 수 없는 은혜, 받을 자격이 없는 자에게 부어 주신 한량 없는 은혜에 대해, 나는 결코 하나님께 그 사랑을 돌려드릴 수 없을 것이다."

전에 그에게는 하나님께 드리는 찬양이 없었습니다. 그는 광야였습니다. 그러나 이제 그의 안에는 하나님을 향한 찬양이 솟아납니다. 광야에 갑자기 물이 솟아나는 것입니다.

"계속해서 이어지는 영적인 하늘의 감동과 사랑으로 내 마음은 비참함에서 행복으로, 슬픔에서 기쁨으로, 죄를 사랑하는 마음과 범죄함에서 거룩함을 사랑하는 마음과 실천으로 변화되었다. 내 본성의 철저한 성향과 습관이 바뀌었다."

그것이 제가 여러분에게 말씀드리고 싶은 것입니다. 그리스도인의 변화는 광야와 못, 마른땅과 샘의 차이입니다. 그것이 기독교입니다. 하나님이 구원을 베푸실 때 하시는 일이 바로 그것입니다.

다음은 그가 노년에 기록한 것입니다.

"내 관점과 감정, 이해와 성향, 갈망과 소망, 기대가 모두 새롭게 되었다. 70년 동안 겪어온 모든 경험은 내가 그 순간에 경험한 변화가 거짓이 아니고 복된 실제이며 하나님의 역사하심의 결과였다는 확신을 강하게 해 줄 뿐이었다."

저는 이 글을 읽기 전에 이미 설교를 준비했습니다. 그러나 이 얼마나 완벽한 선언입니까!

"1870년, 이 순간에도 그리스도의 사랑은, 그 풍성함과 능력을 내가 처음 깨달았던 1801년 7월 16일의 그 순간과 똑같이 달콤하고 아름답다. 내게 주신 성령을 통해 하나님의 풍성과 능력, 사랑이 내 마음 속에서 차고 넘치도록 부어졌다."

그것이 진정한 거듭남입니다. 그의 말은 계속 이어집니다. "나는 기도 모임을 마치고 집으로 돌아왔다." 그는 기도 모임에서 거듭남을 경험했습니다.

"2마일 정도의 길을 가는 내내 내가 몸 안에 있는지 몸 밖에 있는지도 거의 알 수 없었다. 자연의 모든 것이, 내 주위에 있는 모든 것이 완전히 다르게 보였다. 하늘과 땅을 바라보면서 느끼는 감동은 전혀 새로운 것이었다. '내 하늘 아버지가 이 모든 것을 창조하셨구나!'"

제가 무슨 말씀을 더 드릴 필요가 있겠습니까? 이것이 바로 그리스도인이 되는 것을 의미합니다. 여러분을 그리스도인이 되게 하는 것은, 그리스도를 따르겠다는 결단이나 더 좋은 사람이 되겠다는 결단이 아닙니다. '기독교에 찬성하고 동참하겠다'는 결정도 아닙니다. 결코 그렇지 않습니다! 오직 여러분도 알지 못하는 사이에 하나님이 여러분 안에 변화를 일으키시는 것입니다.

여러분은 새로운 사람입니다. 새로운 피조물입니다. 모든 것이 달라졌습니다.

"그런즉 누구든지 그리스도 안에 있으면 새로운 피조물이라. 이전 것은 지나갔으니, 보라. 새것이 되었도다"(고후 5:17).

사랑하는 여러분, 여러분은 이보다 못한 어떤 것에도 만족해서는 안 됩니다. 만일 이보다 못한 어떤 것에 만족한다면 진정한 그리스도인이라고 말할 수 없습니다. 여러분은 자신의 결정을 뒤돌아봅니까? 토마스 잭슨(Thomas Jackson)이 했던 것처럼 하나님이 자신의 영혼 안에서 역사하셔서 새로운 생명을 넣어 주신 것을 뒤돌아봅니까? 그것이 기독교입니다.

그런 역사가 일어날 때 여러분은 하나님께 노래하고 찬양하기 시작합니다. 여러분은 '경이로움과 사랑과 찬양'의 의미 속에 빠져 버립니다. 그것이 기적적인 행사이며 완전한 행사입니다. 완전한 변화입니다.

참된 만족과 안식

구원은 완전히 만족케 하는 결과와 영향을 가져오는 변화입니다. 시편 기자가 그것을 어떻게 제시하는지를 보십시오. 하나님이 영혼 안에서 이 위대한 일을 하실 때 그가 경험하는 것은 무엇입니까?

그는 안식을 경험합니다.

"주린 자들로 말미암아 거기에 살게 하사 그들이 거주할 성읍을 준비하게 하시고"(36절).

그들은 길을 가면서 물과 먹을 것을 찾고 있었습니다.

"우리는 어딘가에 머물러 쉬고 정착하고 싶습니다. 풍성한 삶을 살고 싶습니다. 하지만 어떻게 그렇게 할 수 있을까요? 우리는 이 광야에 정착할 수 없습니다. 여기에는 아무것도 자라지 않습니다. 물이 없기 때문입니다. 결국 우리는 갈증과 굶주림으로 죽게 될 것입니다."

그러다가 갑자기 모든 것이 바뀝니다. 그리고 그들은 '거주할 성읍'에 이르러 정착합니다. 그들은 드디어 영혼의 안식을 찾았습니다.

그리스도인의 삶에서 이보다 더 복된 것도 없습니다. 그것은 바로 여행과 방황의 끝입니다. 찰스 웨슬리는 자신의 회심을 담은 찬송가에서 이렇게 질문합니다.

"오, 내 모든 방황이 언제 끝이 날까?"

수년 동안 여러분은 찾을 수 없는 무언가를 찾고 있었습니다. 영혼의 안식과 평안과 행복을 찾고 있었습니다. 여러분은 책을 읽었습니다. 강의도 들었습니다. 설교를 들었습니다. 하지 않은 것이 없을 정도로 여러분에게는 뜨거운 갈망이 있었습니다. 여러분은 계속 이리저리 다니며 구하고 찾습니다. 그러나 발견할 수 없습니다.

"오, 내 모든 방황이 언제 끝이 날까?"

그때 갑자기 여러분은 자신이 그토록 찾아 헤매던 곳에 도달했음을 깨닫습니다. 가장 소망이 없을 때, 여러분은 긍휼의 눈을 가지신 어떤 분을 만납니다. 그분은 이렇게 말씀하십니다.

"수고하고 무거운 짐 진 자들아, 다 내게로 오라. 내가 너희를 쉬게 하리라"(마 11:28).

여러분은 그분에게로 가서 그분 안에서 여러분이 찾아 헤매던 영혼의 안식을 발견합니다.

"나는 예수님이 말씀하시는 음성을 들었네.

내게로 와서 쉬어라.

내려 놓으라. 너 수고한 자여, 내려 놓으라.

네 머리를 내 가슴에 기대어라."[7]

호라티우스 보나르(Horatius Bonar)

여러분은 그분의 음성을 들었습니다. 그분의 음성에 귀를 기울였습니다. 그리고 영혼의 안식을 발견했습니다.

오, 제가 명석하고 탁월한 철학자인 어거스틴의 위대하고도 기념할 만한 이야기를 들려드리겠습니다. 어거스틴은 방황하며 진리를 구하고 있었습니다. 그리고 마침내 그는 그 음성을 들었습니다. 그는 그리스도가 자신을 안식으로 부르고 계신 것을 발견했습니다. 그는 자리에 앉아 이렇게 적었습니다.

"하나님 당신을 위해 우리를 지으셨습니다. 우리의 영혼은 당신 안에서 안식을 찾을 때까지 결코 안식을 누릴 수 없습니다."

그곳이 거주할 성읍입니다. 여행의 목적지입니다. 여러분은

---

7. 역자주 – 통일 찬송가에는 '내게로 와서 쉬어라' (찬 467장)라는 제목으로 실려 있었으나 새찬송가에서는 제외되었습니다.

더 이상 물을 찾을 필요가 없습니다. 여러분의 눈앞에서 물이 솟구쳐 흐르고 있습니다. 그곳에 정착하십시오. 여러분의 성을 지으십시오. 영혼의 안식을 찾으십시오. 그곳이 바로 방황의 끝, 몸부림과 헛된 추구의 끝입니다. 그뿐만이 아닙니다. 그곳에는 만족함이 있습니다.

"또 광야가 변하여 못이 되게 하시며 마른땅이 변하여 샘물이 되게 하시고, 주린 자들로 말미암아 거기에 살게 하사 그들이 거주할 성읍을 준비하게 하시고"(35,36절).

삶의 굶주림과 목마름이 비로소 만족을 얻습니다.

여러분도 알아차리셨겠지만, 저는 이 시편 강해를 마치기가 매우 어렵습니다. 몇 시간이고 계속해서 이 시편에 대해 설교하고 싶은 심정입니다. 특별히 그리스도인이 되는 것의 만족함에 대해서 말입니다.

제가 지금 무엇에 대해 이야기하고 있습니까? 저는 지적인 만족에 대해 이야기하고 있습니다. 분명히 말씀드립니다. 오직 하나님 안이 아니고는 이 넓은 세상 어디에도 지적인 만족함은 없습니다. 그분 안에 온전한 지적 안식과 만족함이 있습니다.

저는 본성적으로 지적인 만족과 안식을 모르는, 호기심이 많은 사람입니다. 저는 회의자(懷疑者)로 태어난 사람입니다. 저는 이성을 사용하고 이성의 힘을 믿습니다. 니고데모처럼 저는 이

성과 논리를 알고 싶어합니다. 그러나 저는 제가 기대했던 방식이 아닌 다른 방식을 통해서 지적인 만족을 찾았습니다. 지적인 만족과 안식이 모두 여기에 있었습니다.

저는 역사와 철학에 관심이 있습니다. 인간의 본성에도 관심이 있습니다. 세상이 왜 지금의 모습과 같이 되었는지를 아는 데 관심이 있습니다. 그런데 제가 그 해답을 발견한 곳은 오직 이곳입니다. 여기에서 저는 완전한 해답을 찾았습니다. 이곳에서 완전한 지적 만족을 얻게 되었습니다.

지적인 만족만이 아니라 저는 완전한 감정의 만족도 발견합니다. 저는 감정적인 사람입니다. 저는 감동받는 것을 좋아합니다. 그러나 그 어떤 것도 이것처럼 제 마음을 감동시키지는 못했습니다. 성경의 어떤 부분들은 제 마음이 감동으로 압도당하여 계속 읽기조차 어렵습니다.

제 마음을 감동시키는 찬송가도 있습니다. 여러분도 찬송가의 곡조나 가사가 존재의 가장 깊은 곳까지 감동시킨 경험이 있지 않습니까? 오, 그것은 영화가 주는 감상적인 감정과는 다릅니다. 그것은 여러분이 나중에도 결코 부끄러워하지 않을 강하고도 건강한 감정입니다.

여러분을 무릎 꿇게 만들고 강력한 힘으로 충전시키는 것이 여러분을 거의 초인처럼 느끼게 만듭니다! 바로 하나님의 능력 때문입니다. 그것이 그리스도인으로서의 변화가 일어날 때 여러분이 얻는 것입니다. 지적, 감정적인 것뿐만 아니라 다른 모든 면에서도 완전한 만족입니다.

목적이 있는 삶

또한 여러분은 삶에 목적이 있음을 깨닫게 됩니다. 불신자들의 비극은 삶의 목적이 없다는 것입니다. 그들은 자신이 어디로 가고 있는지를 모릅니다. 그들은 자신이 무엇을 하고 있는지도 모릅니다. 삶 전체가 불확실합니다. 그것이 그들이 지금의 모습으로 살아가는 이유입니다.

그들의 삶은 쳇바퀴처럼 돌아갈 뿐이며, 그 모든 것이 어떻게 끝날지를 모릅니다. 그러나 그리스도인이 되면 여러분은 이 세상에서의 삶이 단지 나그네의 순례 길임을 알게 될 것입니다.

한 찬송가의 작사가는 이 세상의 모든 기쁨은 작은 고통을 담고 있다고 말하면서 오히려 그것을 하나님께 감사했습니다. 아름다운 장미에도 가시가 있듯이, 아름다움과 고통은 함께하는 것입니다. 그는 그것에 대해 하나님께 감사했습니다.

모든 행복과 기쁨이 '우리의 족쇄가 아닌 안내자가 되어 주기' 때문입니다. 이 세상이 유일한 삶이 아니며, 우리는 단지 순례자이고 나그네이며 여행자라는 것을 상기시켜 주기 위해 하나님이 그런 고통을 허락하셨기 때문입니다.

우리는 위대하고도 다함이 없는 영원한 삶을 향해 가고 있습니다. 그리고 그 모든 것에는 하나의 목적이 있습니다. 저는 하나님의 영광을 위한 삶을 살기 위해, 다른 사람들을 돕기 위해, 영원한 미래를 보장해 주는 삶으로 그들을 인도하기 위해 이 세상에 살아 있습니다. 지금 이 순간도 그 목적을 위해 이 자리에 서 있습니다. 이 얼마나 경이로운 목적입니까!

삶은 단지 고통과 회한, 후회 속에서 끝나는 떠들썩한 자리나 쾌락을 추구하는 무대가 아닙니다. 결코 그렇지 않습니다! 삶에는 분명한 목적이 있습니다. 우리를 계속 앞으로 이끌어 가는 무엇인가가 있습니다. 구원의 역사에서 일어나는 것이 바로 그 일입니다.

뿐만 아니라 구원의 역사에는 성장과 발전이 있습니다. 나중에 성장해서 풍성한 열매를 거두게 해 줄 씨를 밭에 뿌리고 포도원에 포도나무를 심는 것입니다.

"또 복을 주사 그들이 크게 번성하게 하시고"(38절).

성장하는 삶

삶에 대한 또 다른 놀라운 것이 있습니다. 그것은 바로 성장하는 삶입니다. 저는 지금 하나님의 영광을 위해 이것을 선포합니다. 저는 일 년 전보다 하나님의 은혜를 더 많이 알고 있습니다. 하나님의 은혜를 알아 가는 것에는 끝이 없습니다.

그것은 망망대해 속에서 헤엄치는 것과 같습니다. 여러분은 자신이 가장 깊은 곳에 도달했다고 생각합니다. 그러나 결코 그렇지 않습니다! 여러분의 지금 위치는 단지 시작에 불과합니다. 하나님의 은혜는 크고도 놀랍습니다. 그것은 끝이 없이 펼쳐진 수평선과 같습니다. 아니 그보다 더 멀리 나아갑니다.

그것은 또한 사람이 산에 오르는 것과 같습니다. 그는 자신이 정상에 올랐다고 생각합니다. 그러나 그의 앞에는 또 다른 봉우리가 서 있습니다. 그리스도인의 삶은 해가 거듭될수록 점점 더 심오해지고 높아집니다. 그리스도인이 아닌 사람들에게 이런 그리스도인의 삶이 지루하게 보입니까? 그러나 결코 그렇지 않습니다. 그리스도인의 삶은 흥분으로 가득합니다.

여러분에게 솔직히 말씀드립니다. 저에게 가장 큰 문제는 시간이 없다는 것입니다. 저는 읽고 싶은 책이 아주 많습니다. 하고 싶은 일도 아주 많습니다. 저는 새로운 면들을 계속해서 발견합니다. 새로운 모퉁이를 돌아가면 하나님의 영원한 계획 속으로 들어가는 더 큰 영광이 저를 기다리고 있습니다.

베드로는 말합니다.

"오직 우리 주 곧 구주 예수 그리스도의 은혜와 그를 아는 지식에서 자라 가라. 영광이 이제와 영원한 날까지 그에게 있을 지어다"(벧후 3:18).

그것이 기독교입니다. 그보다 못한 것은 기독교가 아닙니다. 그리스도인들은 주 예수 그리스도가 없다면, 그분이 십자가에서 죽으신 사건이 없다면 자신에게 소망이 없음을 알고 있습니다. 그들은 오직 그리스도 안에서, 그리스도를 통해서 자신이 하나님의 자녀가 되었음을 알고 있습니다. 그 모든 것을 그분의 은혜와 사랑으로 인하여 얻었습니다. 그래서 그분께 모든 찬양을 드리는 것입니다.

"여호와의 속량을 받은 자들은 이같이 말할지어다"(2절).

여러분은 하나님을 찬양합니까? 하나님과 그분의 선하심, 그분의 놀라운 구속에 대한 진리를 깨달았다면 지금 그분을 찬양하십시오. 그리고 다른 사람들에게 그분에 대해 말하십시오.

제가 지금 말씀드리는 것을 믿는다면, 여러분은 그것을 다른 사람들도 알게 되기를 원할 것입니다. 여러분은 그들도 과거의 여러분처럼 절망의 상태에 있음을 보게 될 것이며, 오직 하나님의 구속의 진리만이 그들을 절망에서 건질 수 있음을 알게 될 것입니다.

또한 여러분은 세상에서 구속받은 자들의 찬양대로 여러분과 똑같은 영광의 특권 속에 동참하도록 그들을 데려오기 위해 노력할 것입니다. 그리고 속량받은 자들과 함께 소리를 높여, 죽임 당하고 우리를 구속하신 주님을 찬양할 것입니다.

시편 기자가 여러분에게 요청하는 것들을 생각해 보십시오. 그리고 주님께 감사를 올려 드리십시오. 그분이 지극히 선하시며 그 인자하심이 영원하기 때문입니다. 그분의 인자하심은 지금까지 여러분을 인도하셨습니다. 그분은 여러분을 살아 있게 하셨습니다. 또한 여러분에게 또 다른 기회를 주셨습니다. 그것을 깨달으십시오. 그것을 믿으십시오. 그리고 온 영혼을 다해 그분을 찬양함으로써 그 증거를 보여 주십시오.

옮긴이 **송용자**는 서울대 영어영문학과를 졸업하였으며, 필리핀 C.C.C에서 언어 및 선교 훈련을 받고 현재 번역가로 활동하고 있습니다. 역서로는 『스펄전의 부흥 열망』, 『십자가, 승리의 복음-스펄전의 이사야서 53장 강론』, 『회심을 위한 불같은 외침』, 『아이들의 회심 이야기』, 『사무엘 루터포드』, 『하웰 해리스』 등이 있습니다.

MLJ 1

만입의 고백 **찬양**

지은이 | 마틴 로이드 존스

옮긴이 | 송용자

펴낸곳 | 지평서원

펴낸이 | 박명규

펴낸날 | 2008년 2월 13일 초판
        2023년 5월 15일 초판 4쇄

서울 강남구 선릉로107길 14, 101호 [0][6][1][4][3]

☎ 538-9640 Fax. 538-9642

등 록 | 1978. 3. 22. 제 1-129

값 **16,000원**

ISBN 978-89-6497-081-2-94230

ISBN 978-89-86681-69-7(세트)

메일주소 jipyung@jpbook.kr